福音派とは何か？

Who are Evangelicals?

トランプ大統領と福音派

Suzuki Takahiro
鈴木崇巨

春秋社

はじめに

アメリカのトランプ大統領が登場して以来、「福音派」という言葉をよく聞きます。彼は「福音派」の支持を受けているそうです。「福音派」とは何でしょうか。

スキャンダルが多く、大胆な発言をするトランプ氏と聖書をそのまま信じるお堅い福音派の人々とどのように交わるのでしょうか。

実は、福音派の伸長は、アメリカだけに限らず、世界各地で起こっている現象なのです。その背景には何があるのでしょうか。世界規模で起こっている福音派の伸長について考えてみましょう。（聖書は『聖書』（聖書協会共同訳）日本聖書協会、二〇一八年を引用しました。）

福音派とは何か？　目次

福音派とは何か？——トランプ大統領と福音派

第1部

福音派とは

第1章 一神教を信じる人々

一神教

日本人は神々を信じていますが、けっして「一神教」を信じているわけではありません。「一神教」というのは、「世界が造られる前から、ただひとりの神がいた」という教えです。暗黒の無の中で、永遠の中のある時、宇宙を創造したと言うその神を信じるのが一神教です。その神は姿を持ったひとりの方です。聖書によれば、ヒトはその方の姿に似た特別な一つの被造物です。

その神は「名前」を持っていません。神の側から「わたしは○○である」と名乗る必要がないからです。神は永遠の世界の方で、万物の創造者ですから、名前などあるはずがありません。

名前は、他のものがあるため区別する必要上付けますが、神は永遠の昔からただひとりだけ存在していましたから名がないのです。

最初のヒト、アダムとエバの子孫にノアという人がいました。そのまた子孫にアブラハムという人がいました。そのまた子孫にモーセという人がいました。これらの名前は旧約聖書の最初の五巻「神の教え」（人が幸せに生きてゆくための教え、ヘブライ語で「トーラー」）に出てくる人々です。これらの人々は、民族的にいうと現在のイスラエル人（古名・ヘブライ人、俗称・ユダヤ人）の先祖で、ユダヤ教・キリスト教・イスラム教（成立年代順）の人々にとっては、なじみの深い名前です。この人々の中のモーセという人が「神よ、あなたの名前を教えてください」と言った時に、神は「わたしに名前などあるわけがないではないか。わたしは『永遠から永遠まで存在している』のだから」と答えました。モーセは「永遠から永遠まで存在しているお方さまの短縮語『ヤハウェ様』と呼ばせていただきます」と答えました（旧約聖書「出エジプト記」3：14–15、大意）。

この「ヤハウェ」というヘブライ語が、ヒトの世界で使われる「唯一の神の名」ということになります。これを日本語で「主《しゅ》」と翻訳しています。ある事情で「ヤハウェ」を「エホバ」と発音する時代がありました。また、『聖書』を教典の一つとしているイスラム教では、「主」をアラビア語で「アッラー」と呼んでいます。難しい理屈をぬきにして、ユダヤ教、キリスト教、イスラム教は同じ「唯一神」で「天地の創造者なる神」を信じています。

ユダヤ教とキリスト教

ユダヤ教は旧約聖書だけを信じています。特に、その最初の五巻に出てくる「教え」（ユダヤ教のあるグループの数え方によると「六一三個の教え」）を守って生きている人々がユダヤ教の人々です。「十戒」はそのうちの基本的な一〇個の教えです。もしユダヤ教を知りたい人がいたら、その六一三個の教えを学べば、それが全てです。神の教えですから、「こうしたらいいですよ」という言い方ではなく、すべてが「〇〇すべし」「〇〇すべからず」と命令形の文章です。永遠なる神が発せられる言葉には、永遠に変更がないと考えているからです。

唯一の神ヤハウェを「つきたての柔らかい餅」にたとえるなら、そこからちぎって取り出した一片をキリストにたとえることができます。元の大きな塊も、ちぎった一片も同じ質の餅です。その一片の餅にたとえられているのがイエス・キリストです。ヤハウェから遣わされた「神の子にして神と同質のお方」、もっとはっきり言えばヤハウェが人の姿をとってきたのが、あの見栄えのしなかった、しかも十字架の上で無残に死んでいった、しかし、生き返ってきたイエスであったと信じるのがキリスト教です。

ユダヤ教とキリスト教は兄弟のような親しい関係です。ユダヤ教の人がイエス・キリストを信じれば、即キリスト教徒になります。キリスト教の最初の人々は皆自分たちを「ユダヤ教イエス派」と思っていました。今でも、キリスト教の人々は「ユダヤ教の人々よ、あなたも早くイエス（男性の普通の名前）をキリスト（神にして神の子）と信じなさいよ」と言って伝道しています。「なるほど、分かった、信じましょう」と言っているユダヤ人がいます。この人々を「キリスト（ヘブライ語でメシア）を信じるユダヤ教徒」（メシアニック・ジュー）と呼びます。全世界に約三五万人いるといわれます（ユダヤ人は全世界に約一四五〇万人と推定）。

また、ユダヤ人と結婚したい人は、同じ信仰（ユダヤ教）を持つように強く説得されます。トランプさんの長女イヴァンカさんがユダヤ教に改宗したのはこのような背景があります。

筆者はイスラエルを旅行したときに、ユダヤ教の会堂（シナゴーグ）の礼拝に二度参加しました。どこのキリスト教会でも、初めて参加する人を歓迎しているように、ユダヤ教会でも歓迎してくれます。その礼拝はキリスト教会の礼拝に似ていました。それは当たり前のことで、ユダヤ教の礼拝式をまねてキリスト教の礼拝が始まったからです。ようするに、ユダヤ教のシナゴーグでは、旧約聖書の「トーラー」（教え・律法）と呼ばれる部分を教科書のように学び礼拝しています。もちろんその他の旧約聖書の部分も参考にして学びます。それがユダヤ教です。キリスト教会では旧約聖書と新約聖書の両方を学び、礼拝します。ユダヤ教もキリスト教も、成人の礼拝の前後に青少年向けの「学校」を開いて、四歳くらいの子から教育しています。

イスラム教

イスタンブールに行ったとき、たまたま旅行客が筆者一人だけの市内観光小型バスだったので、筆者がキリスト教会の牧師であることをガイドに説明して、有名な「ブルー・モスク」だけではなく、裏通りの小さなモスクも見せてくれと頼みました。どこの国でも、裏通りの方が人々の生活の匂いがします。訪ねたモスクは、日本の町内会館のような、見過ごしてしまいそうな小さな普通の家のようでした。ガイドは日本語の上手な女性でしたが、「私は（女性なので）この中には入れませんので、お客様一人で入ってください」と言いました。本当に、女性は入り口横の小部屋で礼拝するようです。中に入ると三〇畳ほどの空間があるだけで、筆者が少年のころ通っていた柔道場と同じ汗臭いにおいがしました。部屋の空間の中に階段があり、その上の方に説教壇が見えました。

ユダヤ教のシナゴーグ（会堂）もキリスト教プロテスタントの教会堂もイスラム教のモスク（寺院）もただ空間があり、説教壇があるだけです。特に、小さな教会堂・寺院では、なんの飾りもなく殺風景なものです。筆者もそういうキリスト教会で何十年も説教をして人生を送り、七〇歳を過ぎて現役を引退しました。引退しても、牧師という呼称は死ぬまで続きます（カトリックの教会堂や正教会の会堂は飾りが多いですが）。

学ぶ宗教

イスラム教の人々は、旧約聖書も新約聖書も教典としています。しかし、イエスを預言者の一人にすぎないとし、最後にして最高の預言者がムハンマド（マホメット）であると信じています。ですから『聖書』はあまり用いないで、ムハンマドが神から受けた教え『コーラン』とその他の彼の言行録を中心に学んでいます。

「教典」というと、何かむずかしく感じますから、日本人にとっては「教科書」のように思う方が身近に感じるのではないかと思います。読んでみれば、みなそれほど難しいものではありません。

ユダヤ教もキリスト教もイスラム教も「学ぶ宗教」です。問題は学ぶ回数の多いことです。七日に一日を「安息の日」として特別扱いにしています。日本人には、このような習慣がありませんから、身をもって理解しにくいことです。約一時間の礼拝の時間だけを特別扱いにするのではなく、その日一日を特別扱いにします。町の中も特別静かな雰囲気が漂います。宗教熱心な地方に行けば、その日は町中が静かなものです。

　ユダヤ教徒とキリスト教徒の一部は現在の土曜日を、キリスト教徒の多くは日曜日を、イスラム教徒では金曜日をその特別な日に当てています。彼らにとって人生は一週間一週間を単位に回って過ぎて行きます。一年は五二週ありますから、五二回の礼拝日があり、仮にその人が四〇歳で人生を終えると二〇八〇回礼拝し、八〇歳まで生きれば、四一六〇回礼拝します。その回数だけ（神聖な）教科書を学ぶことを意味します。天国はその延長線上にあるわけです。死の枕もとで、トーラーや聖書やコーランの一節を聴きながら召されるなら、信者にとって、これ以上の喜びはありません。

　この神を信じている人々は、神より発せられる言葉や教えを絶対的なものとして受け入れています。その教えのためならば、たとえ死んでもかまわないと考えています。日本人にはその気持ちが理解しにくいかもしれません。神のことを学ぶと、そこには宇宙や人間に関する理路整然とした教えがあり、その教えに納得します。この三つの宗教は、納得して信じる宗教です。この教えのためなら殉教をいとわない人々が、歴史上、何万人もあるいは何十万人も出ました。その教えの真髄を、わずか一日でつかむ人もいます。一週間あるいは一か月かかる人もいます。真髄をつかんでも、生涯学び続けます。現在、地球上の人口七六億人のうち約五五・五％の人々が、これら三宗教の一神教に分類されます。

現在の世界の様子を見ていると、上記の三つの宗教が争っているように見えます。核兵器を持って互いににらみ合っているような状況に見えます。しかし、宗教学的には、かれらは同じ神を信じています。聖書解釈では、はっきりした違いがありますが、三つの宗教の人々は、共に「創世記」の初めの方に出てくるイスラエル民族の祖であるアブラハムという人を自分たちの「大父祖」と思って尊敬しています。争っているのは、領土の所有権、経済的な争い、自己主張欲などの入り混じった人間臭い政治的な理由に違いありません。将来的には、三つの宗教は同じ神を信じていますから仲良くできる基盤を持っています。

ここで「世界の宗教人口比」を示しておきます。人口の比率、特に宗教人口の比率は、公平と公正さにおいて基準がありませんし、さらに人口が多いと驕《おご》りを、少ないと落胆を感じさせます。筆者はそのような理由で、比率を出すこと自体に疑問を感じますが、世界の事情を知る目的のために示します（図1「世界の宗教人口の概数」）。

多くの日本人が外国に行き、このような一神教の人に、「私も神を信じていますよ」と言えるでしょうか。一神教を信じる人々にとって、八百万《やおよろず》の神々への信仰は、ありえない、あってはならないものです。それは「神聖な教科書」（聖書）の中で、第一に出てくる禁止の教え（「私をおいてほかに神々があってはならない」旧約聖書「出エジプト記」20：3）によっています。

図１　世界の宗教人口の概数

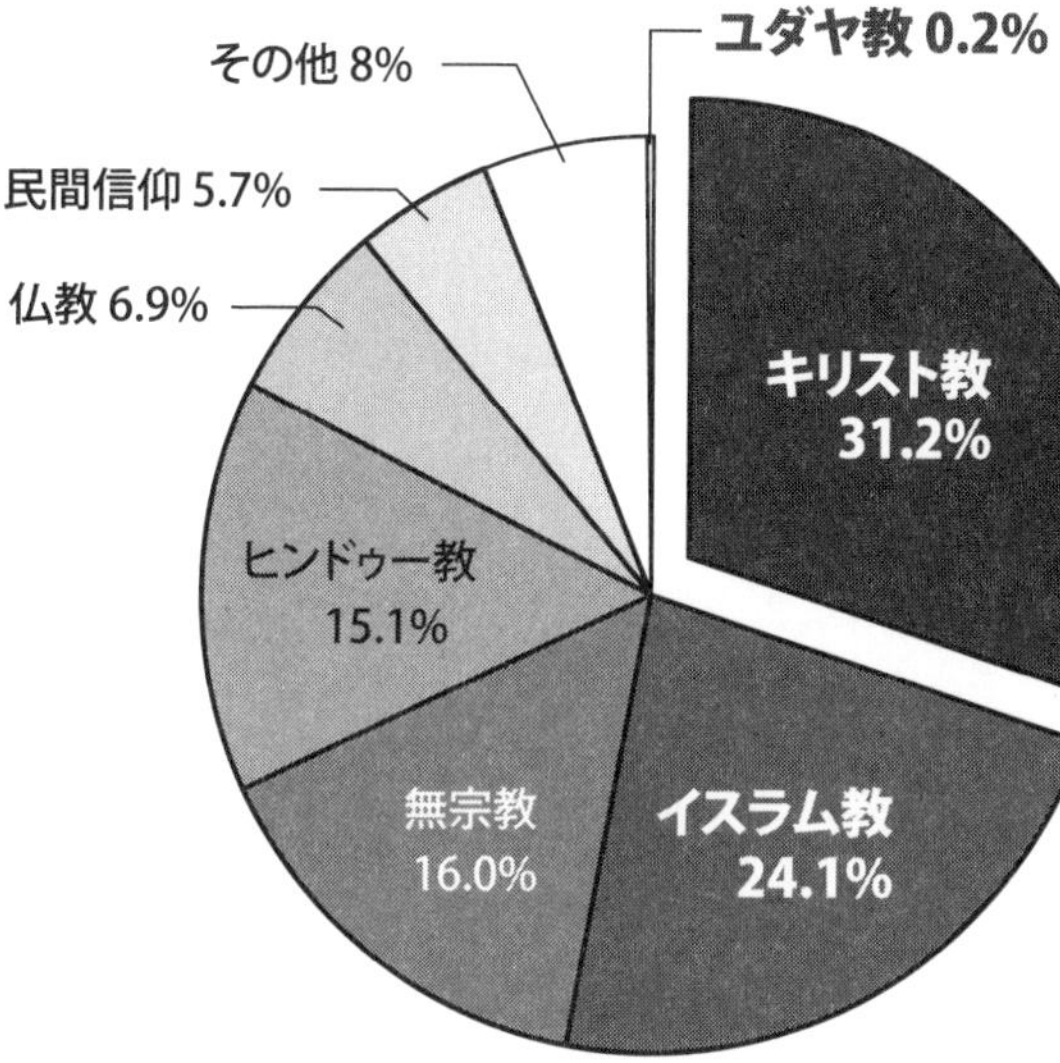

(Pew Research Center,2015)

キリスト教徒の分類

キリスト教派別	人口
ローマ・カトリック教徒	12億5千万人
正教会（オーソドックス）	2億7千万人
プロテスタント 伝統派	3-4億人
プロテスタント 福音派	4-5億人

（Church' s Book of Statistics,2014, Wikipedia）

このような一神教を信じる人々の子供たちは、幼少のころから、朝に夕に、親と共に神に祈り、七日に一度教会や寺院に行き、教育を受けます。親以上に熱心な信仰の人になる可能性があります。現在のほとんどの日本人には、この部分がありませんから、諸外国の一神教の人々の心の内を理解することがむずかしくなります。日本人のジャーナリストも、このような外国の宗教的な家庭生活にうといため、ニュースとして取り上げるのに躊躇を覚えるのではないでしょうか。彼らは表通りのにぎやかな街かどや戦場を映像に収め、一歩入り込んだ裏通りや郊外の住宅地の家々の中を映像に収めることをあまりしません。トランプ大統領の出現に、多くの人が驚いたのは、表通りばかり見させられてきた人が、突然、裏通りのような、人の心の内側を見させられたからではないでしょうか。すなわち、アメリカ人の心の内が、ニュースで知らされるアメリカ人と異なったからではないでしょうか。

信仰に熱心な人々の逆襲

一六二〇年秋、乗組員約三〇名、乗客一〇二名を乗せた「メイフラワー号」が、イギリスからアメリカ大陸の北の方に到着しました。最初の移民です。乗客の多くは信仰の自由を求めていた「ピルグリム・ファーザーズ」（巡礼者の祖父たち）でした。その年の冬は船の中で寝泊まりしました。翌年の春三月に陸で小屋を作りました。生き延びた人々（乗客）は半数の五三名でした。そのようにしてアメリカという国が始まりました。

移民は希望にあふれていますが、同時に苦しく、恐ろしい戦いがあります。初期のころには、あの広いアメリカ大陸を開墾して、人々は西へ西へと進みました。日本では西部劇でその様子の一端を垣間見ますが、本当のアメリカ人の生活は、血と汗と涙にまみれていました。あのリンカーン大統領ですら、小学校二年生くらいまでの教育しか受けていませんでした。字を読めなかった父親が「移民に教育はいらない」と言って子供を働かせたからでした。それに、一年のうち数か月だけ開かれる巡回小学校までは一時間も歩いて行かなければなりませんでした。彼は独学で成長しました。

日本人も一八八五年（明治一八年）ころからアメリカに移民し始めました。筆者も自ら正式にアメリカに移民し、移民一世と二世の人々の教会で働いた経験があります。一世の多くは、英語が不自由で、鉄道敷設や山林の伐採労働者として苦労しました。二世は、太平洋戦争の時に日本人強制収容所に子供として収監された人々か、少し大きかった少年はアメリカ軍人としてヨーロッパ戦線で戦った人々でした。移民の多くは仏教会とキリスト教会に所属していました。三世、四世になると、アメリカ社会に同化してゆく日系人が多くなります。筆者は、キリスト教の信仰をもって人生を戦い抜いた一世や二世の教会で働き、天に召された人たちの葬式をしました。そして、また日本に帰ってきました。

アメリカ人の多くにとって、もっとも親近感を持つ人々は、ヨーロッパの人々です。今から四〇〇年も前から、ヨーロッパの多くの人々が移民としてアメリカにやってきたからです。しかし、移民を送り出した側のヨーロッパでは、近代になり、二つの大きな戦争が起こり、国土は焦土と化し、ユダヤ人の大量虐殺が起こりました。それ以降、心はすさみ、キリスト教信仰は冷え、世俗化の嵐が吹き荒れ続け、それは現在も続いています。世俗化とは、神の教えを捨て、人間の自由な考え方で生きていこうとする風潮です。

世俗化の中身は何でしょうか。それは聖書の教えの否定です。世俗化の人々は、聖書が教える神第一主義、家庭第一主義、結婚の教え、男性と女性の教えなどに反対します。世俗化の人々は、人間の考え第一主義で、家庭が人類の最小単位ではなく各個人が独立した最小単位であること、性の選択は各個人の自由であること、同性婚も本人の自由であることなどを主張します。ヨーロッパの世俗化の風潮が、アメリカや日本や韓国に流れ込んできました。しかし、アメリカはけっしてヨーロッパではありませんでした。アメリカにはアメリカの歴史があるからです。独立戦争、南北戦争、第二次世界大戦、黒人の解放のための戦いなど、多くの人々の血が流され、今日のアメリカに至っています。

アメリカは今も信仰の国です。国民の七〇％はキリスト教徒です。しかし、非キリスト教の人々、キリスト教徒を名乗っていても世俗化の波を受け入れている人々、ヨーロッパの世俗化に賛成している人々が叫びます。「世俗化！　世俗化！　世俗化万歳！」と。

当然、アメリカのキリスト教徒だけでなく一神教の人々は、戦後に始まった世俗化に反対します。「アメリカの伝統を守れ！」と。もちろん、それは信仰の伝統を含んでいます。特に、信仰に熱心な人々は、一九六〇年代より政治的な発言を始めました。(1) 世俗化の人々の主張が強まれば強まるほどに、それに反対して、信仰を守ろうとする人々の思いは強くなりました。それが「福音派」と言われる人々の心情です。ドナルド・トランプ氏は「アメリカ・ファースト」を唱えました。信仰に熱心なアメリカ人の中には、トランプ氏が福音派であろうとなかろうと、彼の言う「アメリカ・ファースト」が「建国の祖父たちの信仰を忘れるな」に聞こえてきます。

大統領選挙の対立候補であったヒラリー・クリントン女史は、世俗化を唱える人々に理解を示しました。過去の人類の歴史は、立場の弱い者が虐げられてきた歴史でした。女性、病者、貧しい人々、教育の低い人々、いろいろなマイノリティの人々が弱者でした。社会の体制が、強い者を中心にできあがっていました。クリントン女史は信仰篤いメソジスト派のプロテスタントです。たとえ世俗化には反対でも、それを唱える人々には耳を傾けました。選挙結果は、大方の予想をくつがえして、「アメリカ・ファースト」を唱えるトランプ氏が勝利し、「世俗化の人々」にも理解を示したクリントン女史が敗れました。

キリスト教会はけっして一枚岩ではありません。一概に、日本語で「福音派」と言っても、その中には、いろいろな考えを持った人々がいます。トランプ氏を熱烈に支持しているのは、「福音派」と呼ばれているキリスト教徒の中の一部に過ぎません。なにしろ国民の七〇％がキリスト教徒ですから、トランプ氏を支持していない「福音派」の人々だっています。本書では「福音派」と言われる人々の奥を探りたいと思います。

キリスト教会には深い溝があり、暗い歴史があります。その上、日本人は一神教の本当の姿を想像すらできないのではないかと思います。それが世界の理解を遅らせていると思います。本書は、プロテスタント教会を、内部の人間から見た現在のありのままの姿を描写しようとするものです。

第2章 いろいろなキリスト教会

最初に、現在の世界のキリスト教人口の内訳を見ておきましょう。これは正確な数字ではなくおおよその、しかし、かなり正確な数字です。現在、世界のキリスト教徒は二四億人余ですが、その内訳は次のようになります（図1の下と同じ）。

ローマ・カトリック教徒	一二億五〇〇〇万人
正教会（オーソドックス）	二億七〇〇〇万人
プロテスタント	九億　　人
内、伝統派	三〜四億　人
福音派	四〜五億　人

（*Church's Book of Statistics*, 2014, Wikipedia）

守勢に回るカトリック教会

カトリック教会の「カトリック」という言葉は、「普遍的な」という意味ですが、宇宙の中でここだけしかない永遠・普遍の教会である、という意味をもっています。神は天地を創造した、ただ一人の神ですから、教会もカトリック教会しかありませんよ、という自己主張が含まれています。ですから、他の教派もこの名称を使いたいと思います。事実として、日本人にあまり知られていませんが、世界中には、いろいろなカトリック教会があるのです。それで一般にカトリック教会と言われているのは、巨大な「ローマ・カトリック教会」のことです。イタリア国のローマ市にある特別区域ヴァチカン市国が本部です。この本でも「ローマ・カトリック教会」のことを、ただ「カトリック教会」と呼んでいます。二〇〇〇年の歴史を持つ、キリスト教の最大のグループです。

ローマ・カトリック教会にとって、現代の大きな問題は、非常に「厳しい時代」を迎えているということです。それは世界中で起こる現実的な問題ばかりです。ニュースでは、教皇の動向やその影響の大きいことが報じられます。しかし、南米におけるカトリック教会の衰退、世界の世俗化の現象、神父になる人々の減少、教皇の権威の問題、マリアに関する神学的な問題など難しい問題が山積みです。

オーソドックス教会（正教会）

キリスト教が今のイスラエル国のエルサレム市から始まり、ローマ市に到達する前に、途中のビザンチウム市（今のトルコのイスタンブール市）に伝道されました。それで、ビザンチウム市を中心にした教会は、古代から自分たちこそが中心だと考え、ローマ市にある教会と張り合いました。平たく言えば、ローマ市を中心としないもう一つのカトリック教会が初期の時代からできていました。これをオーソドックス教会（正教会）と言います。

ローマ帝国が三九五年に東西に分治されるようになり、西の「ローマ派」と東の「ビザンチウム派」に分離したわけです。ビザンチウム市はやがてコンスタンチノープル市に、そして現在ではイスタンブール市に改名されました。ローマ・カトリック教会もオーソドックス教会（正教会）も同じ初代教会から始まり、現在まで続いています。一〇五四年になってからローマ・カトリック教会とオーソドックス教会（正教会）は、互いに認め合ったのではなく、正式に互いに破門を宣告し、分離が決定的になりました。

「オーソドックス」とは「正統的な」という意味ですから、やはり自分のところだけが正統的であるという自己主張を含んだ名称です。当時のギリシャ都市アンティオキア（現在のトルコ南部の都市）で始まった礼拝儀式をする関係で「ギリシャ・オーソドックス教会」とも呼ばれます。日本語では「ギリシャ正教会」とか「東方正教会」（イタリアのローマ市から見てビザンチウム市は東の方にあるから）と呼ぶことがあります。筆者はただ「正教会」（オーソドックス教会）と呼びます。この教会は各国別に最高責任者（総主教など）がいますから、「どこそこの国の正教会」と言います。すなわちローマ・カトリック教会は地球上に一つだけですが、正教会の方は、国ごとにありますから、いろいろな国の正教会があります。日本の国の重要文化財にもなっているニコライ堂は、「日本正教会」の本部教会で、「ロシア正教会」の伝道によって明治時代にできました。

　中近東を旅行すると、更に系統の異なる正教会があります。初期のころから、キリスト教は、中近東・アフリカに伝道されました。これらを「オリエンタル正教会」とか非カルケドン派正教会と呼びます。現地の人々には身近な教会ですが、日本人にはあまり知られていません。詳しいことは省略します。

　グローバルな時代になりましたから、世界を旅行する人々のために一言加えますと、礼拝儀式の面で、これらの正教会は大変「儀式的」な礼拝をします。カトリック教会は「やや儀式的」な礼拝をします。プロテスタント教会は「儀式的でない」礼拝をします。

プロテスタント教会

カトリック教会と正教会の説明をしましたから、本書の主題であり、著者が所属するプロテスタント教会の説明をします。

マルティン・ルターが宗教改革を起こしたのが一五一七年でした。できた教会が「ルター派教会」（ルーテル教会）です。ドイツや北欧に、そして全世界にあります。日本にもいろいろな名前の付いた「ルーテル教会」があります。

日本ではマルティン・ルターが有名なあまり、もう一人の有名なジャン・カルヴァンという宗教改革者がいますが、あまり知られていません。フランス生まれですがスイスで活躍しましたから、スイス人と紹介される場合があります。プロテスタント教会の理論づけをした関係で、その後のプロテスタント教会への影響は、ルター以上になりました。そして、成立した教会がヨーロッパ大陸では「改革派教会」という名で知られることが多く、イギリスでは「長老教会」という名で知られています。

世界中にいろいろな改革派教会、長老教会があります。特に、日本や韓国には、アメリカを経由したこの派の系統に属する教会が非常に多くあります。教会を運営する人々は、長年信者をしていて、信仰篤い人々、すなわち「長老」と呼ばれる人々でなければならない、というところからこの名が付けられました。日本の伝道は困難でしたから、先ず学校を作る場合が多く、カトリック教会は上智大学とか白百合女子大学などを作り、長老教会は東京の明治学院や女子学院、大阪女学院また名古屋の金城学院などを作りました。

これらのプロテスタント教会のほかに会衆派教会、バプテスト教会、クエーカー教会（フレンド派教会）、救世軍教会、ブレザレン教会などができ、主にアメリカ経由で日本に伝道されました。これらの教会はジャン・カルヴァンの影響を受けています。宗教改革以来もう五〇〇年もの年月を経ていますから、筆者は上記のルーテル教会、長老教会などをすべて「伝統的な教会」（プロテスタント伝統派）と呼ぶことにします。本書では、この伝統的な教会と新しく登場してきた「福音派」を対比させせながら話を進めます。

よく世間では「正統的な教会」などという表現がなされますが、何が正統なのかは人によって違いがありますから、筆者は「伝統的な教会」と呼びます。ようするに歴史的に年数を経ているというだけの意味で「伝統派」という言葉を使います。

聖公会

「福音派」の説明に入る前に、もう一つだけ説明しなければならない伝統派教会があります。それは聖公会です。聖公会というのは「イギリス国教会」の外国における名です。外国で「イギリス国教会」というのは、いかにも奇異ですので、外国では「監督制教会」（日本語では聖公会）と呼んでいます。英語では「エピスコパル・チャーチ」と言います。エピスコパルというのは、「監督制の」とか「司教制の」という意味です。英語の大文字で書き始めれば、世界中どこでも「英国国教会」を指す言葉だとだれもが知っています。

なぜカトリック教会で使われる「司教制の」という言葉が使われるかは、その歴史にあります。イギリスはカトリック教会だけが認められていました。ところが、カトリック教会では離婚が認められていませんから、王様も離婚できませんでした。それでイングランド王のヘンリー八世は自分が離婚するために、カトリック教会を離脱しました。そして、イギリス国教会を立ち上げました。一五三四年のことです。ときあたかも海の向こうのヨーロッパ大陸では宗教改革の嵐が吹き荒れていたころでした。そのような中で、制度はローマ・カトリック教会のままで、信仰の内容は聖書のみに、すなわちプロテスタントの聖書理解を取り入れました。そういうわけで、聖公会では、カトリック教会に近いことを誇りに思う人々とプロテスタント教会であることを誇りに思う人々がいます。本書では、聖公会（イギリス国教会）をプロテスタント教会の中に入れます。もちろん長い歴史がありますから、伝統的なプロテスタント教会の一つです。

宗教改革のあとで、イギリスで産業革命が起こり、イギリスを中心に世界が回った時代がありましたから、世界中に「聖公会」（イギリス国教会）が多くなりました。日本でも約三〇〇の教会を持ち、大学では立教大学が有名です。

メソジスト教会

この聖公会から生まれてきたのが「メソジスト派の教会」です。この教会も筆者が言う伝統的な教会に入ります。やはりアメリカを経由して日本に入ってきました。青山学院とか東洋英和女学院、函館の遺愛女学院などはこの派の学校です。戦前までの日本の教会は、おもに以上のような伝統的な教会が中心でした。

多くの日本人が知っているキリスト教会とかキリスト教の学校は、上記のようにマルティン・ルターやジャン・カルヴァンなどの宗教改革時代からある古い外国の教派の伝道活動の中で生まれました。ところが、日本語で「福音派の教会」と呼ばれているキリスト教会は、これらの「伝統的な教会」とは違います。

「福音派の教会」というのは、主に戦後に伝道が始まった教会が多く、その発生の源流は伝統的な教会と言えば言えるのですが、まったく新しい教会なのです。「福音派」という日本語は、「伝統的教会ではない」ことを意味します。このことを念頭に置いて、これからの説明を読んでください。

新しい「福音派」教会の源流は戦前にあったのですが、なにしろ日本の教会は、戦前まで非常に厳しい弾圧下に置かれていましたから、戦前から「福音派」の教会は、あるにはあったのですが小さかったのです。ですから、日本では「福音派の教会」というのは、今では多くが戦後の教会になります。日本人の多くにとって、また読者にとって「福音派」と言う言葉は、初めて聞く新しい言葉かあるいは知らない言葉なのです。

しかし、現在では、日本にあるプロテスタント教会の半分以上は「福音派の教会」です。したがって、ニュースに出てくる「福音派」という言葉の意味が分からないと、トランプ大統領の支持者である一部の「福音派」の人々のみならず、日本の教会の現在の本当の姿すら分からないことになります。

聖書学の発達

世間の学問と同じように、一七世紀後半から一八世紀にかけて聖書の科学的な研究が発達し、それが現在も続いています。科学的に研究するということは、聖書が書かれた時代背景の研究、語句の研究などを指します。聖書が丸裸にさせられるまで研究し尽くすような方法です。真面目な研究方法ですが、研究者の中には聖書の権威を疑う者が出てきました。聖書へのあまりにも批評的な態度は、聖書を「神の言葉あるいは神の声」としてありがたく受け入れていた人々の怒りを買いました。

学問的な研究を伴った難しい説教をする牧師たちが現れ、大衆的な説教をする牧師たちを「学問的でない人々」だと言って批判しました。逆の立場からは、難しい説教をする人々を「空論ばかりの信仰」だと言って批判しました。この二つの流れは、いつの時代にも、多かれ少なかれありました。近世の聖書学の発達が非常に大きかったので、知的な信仰と福音的な信仰が、少しずつ離れてゆく元になりました。これが福音派を生み出す要因の一つになっています。

宗教改革以来の「伝統」を持つプロテスタント教会は、すべてがすべてというわけではないのですが、聖書の科学的な研究や神学的な発展を重視する傾向があります。

　筆者は伝統的な教会の神学校を卒業し、伝統的な教会の牧師をして引退しました。しかし、自分を伝統的な教会の牧師であるという意識をもったことはありませんでした。なぜなら、わずか一五歳のときに入信して、欧米の教会の歴史を知りませんでしたから、多くの日本人キリスト教徒のように、伝統派、福音派と関係なく一人の求道者としての人生を歩んできたからです。したがって、筆者は中立の立場と言うより、両方を自然に身に付けた日本人キリスト教徒の立場に立つ者になりました。筆者と同じようなキリスト教徒が、日本には多いと思います。

第3章

教会の中をのぞいてみると

牧師や神父になる人

プロテスタントの牧師やカトリックの神父（司祭）になる人々は、どこか変わっていると思われています。しかし、彼らは普通の人間です。人には祈りの好きな人、勉強の好きな人、活動の好きな人、なまけ者、時間にルーズな人などがいてさまざまです。高校や大学を卒業すると、普通は職業に就きますが、牧師や神父になる人は、神学校に行き聖書の学びと生活指導を受けます。昔は、牧師は男性だけでしたが、最近は女性の牧師を認める教派が多くなりました。神父は男性だけですが、女性は女子修道会に入り、いわゆる「シスター」として生涯神に奉仕できます。

筆者は一五歳のときに、だれに紹介されたわけでもなく、自分の家の近くの教会の日曜日の礼拝に行きました。それは在日《ざいにち》の韓国人の長老系の教会でした。その後、日本人の教会に移りました。そして、「献身《けんしん》」して、神学校に行き、卒業して牧師になりました。「献身」などという言葉は、この世界ならではの言葉です。神学校での訓練は何年でもいいですが、普通は三年とか四年くらいです。

その後、数年間「牧師候補生」の身分に置かれます。問題がなければ、「按手礼式《あんしゅれい》」が執行されて正式な牧師になります。その式は五分ほどの式ですが、これが本人にとっては、生涯の分岐点になるような重要な儀式です。先輩の牧師が、志願者の頭の上に手をおいて「お前を牧師にする」と宣言するだけの儀式です。どの宗教でも同じですが、このような儀式の後に、世間では職業が「宗教」になります。按手礼式は本人にとって身の引き締まるような瞬間です。

神父の場合、修道会に属する修道（会）司祭と司教の管轄下にいる教区司祭がいますが、いずれも「神学校」で六〜一〇年の勉強と訓練を受けて司祭に任命されます。あとは牧師と同じようなコースです。修道院でもっぱら祈る神父、修道院から教会に通う神父、教会に住み込む神父、中には工場で働く（奉仕する）ために修道院から通勤する神父もいます。

カトリック教会もプロテスタント教会も、教会に集う青年が多くなる時には「献身」する人も多くなります。よく世間では「神父になり手がない」とか「高齢化のため牧師が減少している」などという言葉が聞かれますが、神父や牧師本人たちはそれほど気にかけていません。「そのうち、また増えて活気をとりもどす時代もくる」と思っています。事実、そのようにして歴史を刻んできました。

トランプ氏は長老教会の信徒

プロテスタントの教会には、「教職者」（聖職者＝最近はこのような権威主義的な言葉が嫌われます）と「信徒」の二つの身分があるだけです。「教職者」は、それによって生活を立てている「職業人」、つまり牧師のことです。

教会はけっして聖なる集団ではありません。それは人間の集まる場所です。狂ったような集団になる可能性さえあります。牧師や神父がわがままで、本人がまったくそのことに気付いていない場合さえあります。その牧師や神父以上にわがままな信徒がいっぱいいる場合もあります。教会の良い点は、そのような教会を自由にやめることができることです。教会を去ってゆく人々は、大方そのような人々です。理由を言ってやめてゆく人もいますが、ほとんどの場合は、ただ黙ってその教会へ行かなくなるだけです。

歴史の古い教会であれば、去っていった人々の数が多くなります。それで時々名簿の「整理」をします。現に礼拝に出席し、献金をささげ、できる範囲で教会の奉仕活動にも協力する信徒を「正式な会員」とか「現住会員」とか「陪餐《ばいさん》会員」などと呼んでいます。陪餐《ばいさん》会員とは、洗礼を受けて「パンとぶどう酒を食する儀式」にあずかる（陪餐できる）人を意味します。この儀式は、普通、日曜日の礼拝のなかで行われます。カトリック教会では毎週行われる、と言うかそれを行うのがミサです。プロテスタント教会の中には、「パンとぶどう酒を食する儀式」を毎週行う教会、月に一度の教会、一年に数回だけの教会などさまざまです。

正式な会員が、その年のその教会の公式の信徒になります。たとえ一年に一度だけでも礼拝に出席した正式な会員は、名簿からはずされることはありません。たとえ一円でも献金した人は残ります。

整理されてしまった人々を何と呼ぶかは定まっていません。ある教会では「別帳会員」と呼んでいます。名前だけが記録として別の帳面に残っている人々です。別帳に残っている古い過去の人々の名前を知っている現任の牧師・神父はほとんどいません。

教会を去った人々は、多くの場合、他の教会に行き、その教会の会員になります。正式な手続きを済ませる人もいますが、しない信徒や要求しない教会もあります。役所の戸籍簿とは違い、教会の正式な信徒数は、その教会によって決め方がまちまちです。教会がいやになり、去ったままになる人もいます。何十年も教会に行かず、死ぬ間際になって連絡してくる信者もいます。それらの人々も、牧師・神父は快く迎え入れます。

ドナルド・トランプ大統領は、一般的なアメリカのキリスト教徒の家庭で育てられました。父方はドイツからの移民で、ルーテル教会の信徒でした。ドナルドは移民三世です。「トランプ」という名前は、日本語ではカード遊びの「トランプ」ですが、もともとは楽器の「ドラム」「トランペット」から来た名ではないかと言われています。トランプ氏の母親はスコットランドからの移民一世で、代々の長老系教会の信徒でした。両親が結婚して、母方の長老教会に行くようになったのはよくあるケースです。両親はニュー・ヨーク市の「ジャマイカ第一長老教会」という教会の長年の信徒でした。

ドナルド・トランプ大統領は高齢ですから、子供のころ日曜日には教会に行くのが当たり前という古い習慣が身についていたはずです。ニュー・ヨークは五つの地区に分けられていますが、ドナルド・トランプ氏夫妻は、結婚後、クイーンズ地区の長老教会に通っていました。その後二度の離婚を経験しています。この不幸な離婚と言う事件を大統領の資質として問われます。しかし、人の心の中までは誰にも分かりません。一般的に、離婚は本人の教会生活を難しくします。経験者のみにしか分かりませんが、同じ教会には行きにくいものです。

トランプ氏本人が「私は長老教会の会員であり、日曜日の礼拝を大切にしてきた」と言えば、それは本人の言う通り正しい事実でしょう。彼とゆかりのある教会の人が、「トランプさんは、うちのアクティブ・メンバーではないですよ」と言ったと伝えられていますが、それもまた正しい事実でしょう。そもそも信仰は本人の心の中のものですから、本人がそう思っている限り、それを受け入れる以外にないのです。

長老教会は聖書を「自由主義的」（リベラル）に解釈します。しかし、トランプ氏が尊敬しているというマーブル大学付属長老教会のノーマン・ピール牧師は、『積極的思考』という本の著者で、教会成長論者ですから、プロテスタント教会の中では福音派寄りの聖書理解をする牧師であったと思われます。いわゆる伝統派に属する長老教会の牧師が、福音派寄りであってもけっしてふしぎではありません。逆もまた言えます。トランプ氏は長老教会の信徒ですが、信仰的な傾向は「福音派寄り」と考えられます。

献金

聖書の中では、はっきりと「収入の十分の一」を神にささげよ、と教えられています（旧約聖書「レビ記」27：30）。たとえば、毎月二〇万円の給料の人は、二万円の献金になります。普通の人にとっては多額なものになります。それを喜んで神にささげます。聖書の時代では、この献金によって祭司だけでなく、町や国を守る役人、軍人などのレビ族（宗教部族）の生活を支えました。現在は、税金を支払っていますから、正確に「収入の十分の一」を教会のためだけにささげることのできる人は多くいません。しかし、多くのキリスト教徒が、できるかぎり多くの献金を教会にささげて、教会を支えています。ですから、キリスト教会だけでなく、ユダヤ教でも、イスラム教でも一〇組から二〇組ほどの家族がいると、一人の宗教職の人の生活を支えることができ、一つの教会（寺院）が経済的に成立します。

信者は、収入があると、まず神にささげる分を引いて、残りの分を自分の生活にあてます。一神教を信じる人々の多い国では、教会への献金以外に学校に献金する人々が多くいます。それが奨学金になります。アメリカを始め外国の奨学金を受けて留学をする日本人が多くいますが、その原資は人々の献金によっています。けっして金持のあまったお金ではなく、堅実な生活をしている人々の献金が含まれています。

教会の収入は献金だけです。したがって信徒の多い教会は経済的に豊かです。信徒の少ない教会は、収入も少なくなります。筆者は地方の小さな教会で働くことが多かったので、日本人の「大きい教会」、「有名な寺院」、「由緒ある寺院」などという表現には、よくない思いをしてきました。そのような教会や寺院が「良い教会（寺院）」であるような印象を与えるからです。そのような表現は偏見に満ちています。各宗教の「位」の高い人への偏見も同じです。社会の進歩と共に、いずれそのような偏見もなくなるのでしょうが、封建時代の名残が、日本の社会の中に残っているのだと思います。

教会の運営形態

十字架を屋根の上に掲げた尖塔を持った教会堂、これが一般の人々の教会に対するイメージではないでしょうか。それは西洋化された教会のイメージから来ています。聖書が語る教会は、建物のことではなく、「イエスを信じる人々の群」を教会と呼んでいます。新約聖書の中に「ローマの信徒への手紙」というのがありますが、それはローマ市にあった、いくつものクリスチャンの群に宛てて書かれた手紙です。まだ教会堂を建てることができなかった時代に、信者たちは迫害を避けて誰かの家にこっそり「集まって」礼拝をしていました。その集まりのことを「教会」と呼びます。

教会には二つの大きな問題がありました。

一つは、だれがその群の世話をするか。もう一つは、集まった献金をだれが保管し、また使うかということです。会社で言えば人事と経理の問題です。教会は、いつの間にか、長い歴史の中で、三つの形態をとるようになりました。

第一は「監督制」を採る教会です。

筆者はアメリカでメソジスト教会の牧師をしたことがあります。メソジスト教会は監督制の運営形態を採っています。毎年七月になると監督が各牧師に「だれそれ牧師を、どこそこの教会に派遣する」と命令する任命式があります。一年限りの任命ですが、多くの場合同じ教会に数年間任命されます。このように一人の監督がキリストの代理のようになって、すべてを動かすのが監督制を採用する教会です。監督の命令は絶対です。カトリック教会はこの典型的な例で、教皇（ローマ法王）がすべての責任者です。プロテスタント教会では、ルーテル教会、聖公会（イギリス国教会）、メソジスト教会などがこの監督制を採用しています。献金は各個教会ではなく、教団か教団の下にある支区（教区）が一元管理します。最終的な責任者はもちろん監督です。

第二は「長老制」の教会です。

前述したように「改革派教会」とはこの教派の別名です。

長老教会とは、信徒の中から選ばれた長老と牧師が、教会の一切を取り仕切る運営形態です。牧師も正式には説教担当長老と呼びます。信徒の長老の選出方法は、非常に厳しく、単なる多数決ではありません。その人を長老と認めたくない人が幾人かいると、けっして長老に選ばれません。多くの場合、一度長老に選ばれると、その人は死ぬまで長老です。しかし、日本の多くの長老教会では、長老が選挙だけで選ばれ、任期制になっています。

たとえば、韓国では「長老様」と呼ばれ、もし選ばれれば赤飯を炊いて祝うようなことです。韓国の教会は長老制を採る教会が圧倒的に多く、ある教会の長老であるということは、信仰の篤い、尊敬されている人物であることを意味し、社会的な信用度も高くなります。牧師の任免に関して言えば、各地方の上位の長老会が下位にある各個教会の長老会と相談して決めます。経理のすべては各個教会の長老会が責任を持ちます。（日本では日本キリスト教団の中の東京の富士見町教会とか四国の高知教会などがこの流れを汲み、明治時代から日本では最も教会数の多い伝統派に属します。）さらに、多くの別の名前の教派がこの制度を採用しています。

第三は「会衆制」の教会です。

会衆制というのは、重要案件については教会員全員が参加して決めます。重要案件とは、たとえば牧師の任免とか年間予算案などのことです。その他の日常の案件については、選挙で選んだ代議員による合議制を取る運営方法です。代議員のことを多くの教会では「役員」とか「執事《しつじ》」と呼んでいます。この会衆制は、国や地方の議会制度と同じです。キリスト以外の頭《かしら》を持たないという意味で、上に立つ人はいません。と言うよりもキリスト以外の権威、たとえば教皇とか監督という権威に反対し排除します。バプテスト教会や会衆派教会がこれに当たります。（日本では、日本キリスト教団の中の東京の霊南坂《れいなんざか》教会、京都の同志社教会、群馬県の安中《あんなか》教会などとバプテスト教会がこの流れを汲み、同志社大学がこの流れの中にあります。）

上記の三つの教会運営制度は、信仰、歴史、社会、政治などの背景から生まれてきました。運営制度は異なっていますが、その信仰は同じです。それぞれの運営制度には長所と短所がありますが、その説明は省略します。

知識重視の教会と聖霊重視の教会

キリスト教会のごく一般的な様子を述べてきましたが、本書の中心主題に入ります。「ヒト」の中には知的な部分と霊的な部分があります。知的な部分については、よく知られていますから省略します。霊的な部分は、けっして「神経的」な部分のことではありません。別の表現をすれば、「心」（魂、精神、気持、思い、知性、理性など）の部分のことではありません。霊的な部分は聖書独特の理解が必要になります。

聖書では、ヒトは「霊と心と体」によって成っていると教えています（新約聖書「テサロニケＩ」５：23)。旧約聖書の「創世記」第二章七節では、神は土のちりによってヒトの体を造りました。体の中には、神経とか血とかのすべてのものの元になる物質が含まれています。ですから「心」も体の一部と思ってください。土のちりによって造られた体は、想像しやすく言えば、死体が横たわっているようなものだと思ってください。これ以上の心と体の説明は省略します。

その死体の中に、神は「息」を吹き込みました。それが「ヒトの霊」になりました。するとヒトは「生きるもの」となり、活動し始めました。つまり、霊というものが人を生かしている源になっています。霊は肉眼で見ることができません。霊は化学記号で表せません。しかし、厳然として在るものが「ヒトの霊」です。

「霊」は肉眼で見ることができませんので、その存在を信じない人がいます。キリスト教徒はすべてこれを信じている人々です。つまり土のちりでできた「体と心」の中に霊があります。霊も心も体も、すべて大切なものです。しかし、もっとも大切なものは「霊」です。なぜなら、これがないと生きてはいないからです。

聖霊から人の霊への働き

父なる神（主）とイエス・キリストという二人にして一人の神についてはすでに説明しましたが、その「父なる神とキリスト」から聖霊が出ています。聖霊は目に見えません。聖霊は信じる対象です。聖霊は「父なる神とキリスト」と同じ性質をもっています。聖霊は風にたとえられることがあります。風は目に見えませんが、たしかに存在しています。聖霊は神の力です。宇宙のかなたにも存在しています。もし宇宙が今も爆発して拡大しているとするなら、それも聖霊の力です。この「父なる神」と「キリスト」と「聖霊」は、一つの神の三つの「在《あ》り方」です。よくキリスト教会では「三位一体《さんみいったい》の神」と言われています。これは聖書の言葉ではなく、後の人が作り出した便利な神学用語です。これ以上説明すると、限りなく長くなり、「神学論争」の元になりますので省略します。

さて、聖霊はまず人の霊の中に入ります。そして、聖霊は人の霊を経由して全身を行きめぐり、心や体に作用します。このことを強調するのが、筆者が言う「福音派」の人々です。聖霊が神経や肉体の病んだ部分に働くと「癒し」が起こります。しかし、このような論理的な説明をするのが福音派の人々ではありません。実は、このことが聖書の中に書いてあり、それを固く信じているのが福音派の人々です。信じているだけではなく、これを実行して「癒し」などを行います。つまり、「福音派」は聖霊の働きを強調する教会です。

一般の日本人は、神とは何か、聖書とは何か、救いとは何かなどの知的な側面からキリスト教を理解しようとします。それも大切なことですが、聖書には、霊的な側面から見なければ分からないことがあります。これが分かると、「福音派」を理解できます。大げさな言い方をすれば、今までの伝統的なキリスト教だけを知っていた人には、「もう一つのキリスト教」があると思ってください。それほどに、頭を切り替えないと、日本人には「福音派」を理解することがむずかしいのです。

第4章 もう一つのキリスト教

ペンテコステの出来事

多くの人は、イエス・キリストが十字架にかかって死んだこと、復活してきたことを知っています。しかし、その後のことはあまり知られていません。なぜか日本では、キリスト教と言うものは、イエスの十字架の死と復活だけで終わっている場合が多くあります。復活後の話を聞くと、あまりにもふしぎなことなので、日本の教会の多くは、この部分を遠慮がちに、あまり語ってこなかったのかもしれません。

生き返ってきたイエス・キリストは「私は父なる神のもとに帰るが、私の代わりになる聖霊をすぐに送ってあげるからね」と約束して、姿が消えていきました。ここまでが新約聖書の前半部に当たる四つの「福音書」に書いてあることです。この後のことが、この本の主題と関係します。新約聖書の後半部に書いてあります。

キリストの復活の姿は四〇日ほど続くのですが、その姿が見えなくなってから一〇日ほどして、信者たちがエルサレム市内のある家にいたとき、信者一人一人の上に舌のような形をした小さな炎のようなものがちらちらと留まりました。するとその信者たちは、自分の知らない言葉（異言《いげん》）をしゃべりはじめました。彼らは非常に興奮した状態で外に飛び出し、しゃべり続けました。これが新約聖書の後半部の出始めに書いてあります。この出来事を「ペンテコステの出来事」あるいは「聖霊降臨日《せいれいこうりんび》の出来事」と呼んでいます。新約聖書「使徒言行録《しとげんこうろく》」第二章に書いてあり、ここはとても有名な聖書の箇所です。

ペンテコステとは、ユダヤ教の大きな宗教行事の日で「過ぎ越し記念日から五〇日目の日」という意味です。アメリカの「ペンタゴン」といえば、五角形をした国防総省の建物になりますが、ギリシャ語の「ペンテ」は「五」という意味だからです。もともとユダヤ教の宗教記念日（五〇日祭、五旬祭）であったこの言葉が、これから説明するキリスト教の新しい教会を指す言葉になります。

この「ペンテコステの出来事」に遭遇したユダヤ人とユダヤ教に改宗したためエルサレムに巡礼に来ていた外国人は驚きました。ある外国人は、キリストの弟子たちが自分たちの母国語でしゃべっていることに気づきました。その内容は「十字架にかけられたイエスが神の子であった」というものでした。このような内容の話が、弟子たちが知っているはずがない外国語で語られたわけです。これを「異言《いげん》」といいます。この時以来、信者たちは、自分の母国語とこのふしぎな「異言」といわれる言葉の二つの言葉を語るようになりました。

クリスマス（イエスが誕生した記念日）、イースター（イエスが復活した記念日）、そしてペンテコステ（聖霊がくだってきた記念日）が、キリスト教の三大記念日です。ほとんどのキリスト教徒は、このことを知っていますが、なぜか第三番目の「ペンテコステ」を大きく取り上げようとしませんでした。現実の世界の中に、神が直接介入してきたことに恐れをいだくからでしょうか。

異言《いげん》

聖霊が人間の霊の中に入り、声を発する口の部分を支配します。その人は舌と口が震え、何かを発声します。これがキリストの十字架と復活後五〇日ほどして起こった「異言」の出来事（ペンテコステの出来事）です。聖書には二種類の異言が出てきます。一つは地球上のある言語を流暢《りゅうちょう》に話す異言です。その人が習ったことのない言葉です。

　これは筆者がアメリカの西海岸にある教会で、アメリカ人の講演の中で聞いた話ですが、ひとりの日本人の女性が外国人と結婚し、離婚寸前になりました。夫婦で教会の集会に参加したら、夫人の隣の席の見知らぬ外国人が日本語で「神があなたを守っているから心配しなくていいよ」というような言葉を発しているのでびっくりしました。もちろんその隣の席の人は日本語を知らない人でした。これが異言の一種で、地上に存在する言語による異言です。これがきっかけになり夫婦は離婚を回避したそうです。

　もう一つの異言の種類は、まったくわけのわからない言葉を発することです。「わわわ……」とか「ラカニコララ……」とか、ある人はラテン語的な、ある人は中国語的な響きの、地上の言語にはない言葉です。本人にも他の人にもわけのわからない言葉です。キリスト教会では、これを「天使の言葉」という人もいます。初めて「異言」という言葉を聞く人にとっては、このような言葉があることすら信じられないと思います。しかし、現在、世界には、なんと何千万人（あるいは億を超える）の人々が、この異言を発しています。「異言で祈る」とか「異言を語る」と表現します。これを強調する多くの教会が「福音派」に属します。「伝統派」の教会は、このことにふれない教会がほとんどです。

　「福音派」の教会でも、異言で祈ることの多い教会と少ない教会があります。はじめてこのことを聞く人にとっては、信じられないことかもしれませんが、筆者はうつくしい外国語のような異言を発している高校生の一団に出会ったことがあります。ある日本の福音派の教会では、礼拝の中で、二〇〇人も三〇〇人もの信徒が、一斉に二〇分ほど異言で祈ることを日曜日の式（礼拝式）の中に組み込んでいる教会があります。筆者はその礼拝に出席したことがあります。

すべての人々が異言を発しているわけではありません。教会の中で多くの人々が異言で祈っているのに、一人だけ日本語で理性的な祈りをしていると、「なぜ自分には異言が出てこないのだろうか」と懐疑的な気持ちになります。しかし、異言が出てこないことを卑下する必要はありません。異言で流暢《りゅうちょう》に祈る人とそれができない人がいることは、聖書の時代にもありました。

キリスト教をローマ帝国中に広めた最初の宣教師のような人が使徒パウロという人でした。彼は新約聖書の「コリントの信徒への手紙Ｉ」第一四章一八節で、「私は、あなたがたの誰よりも多くの異言が語れることを、神に感謝します」と言っています。そう言う背景には、異言を発しない人々がいたことを暗示しています。同じ箇所で、使徒パウロは、「皆が異言を語っているところへ、初心者か信者でない人が入って来たら、あなたがたのことを気が変になっていると言うでしょう」（二三節）と言って、異言を発するためには、まわりの人々への配慮が必要であることを語っています。教会というところは、何事も秩序正しく行われなくてはならないからです（四〇節）。

　このようなふしぎな聖霊の働きは、歴史の中でしばしばありました。しかし、あまりにもふしぎなことであるため、誤解されたり反対されたりしてきました。近世では、たとえば、ロシアの中央部で一七世紀から一八世紀に興った「霊的キリスト教」の人々は、聖霊の体験を強調し、国教のような「正教会」（オーソドックス教会）から迫害を受けました。一七世紀の終りから一八世紀の初めにドイツのプロテスタント教会で盛んだった「敬虔《けいけん》主義」という運動は、異言などのふしぎな出来事は起こりませんでしたが、一般の歴史書の中にも出てくる一種の霊的な信仰運動のことです。

　現在では何千万人あるいは億を超える人々が異言を発して祈っているといいましたが、人前で異言を語ることをしないようにしているために一般には知られていないだけで、本当に多くのキリスト教徒が異言で祈っています。また、これらの人々は、家庭や職場で常に「神さま……、イエスさま……、聖霊さま……」と心の中で念じていますので、いつでも異言を発したいと思う時には発することができ、やめようと思えばやめることができます。

　日本でよく知られたクリスチャンですが、一度自分の身に起きた聖霊の働きを仲間である信者の人に気軽な気持ちで打ち明けたら、「あなたの信仰は少し変ではないですか」と言われ、それ以来、その人は他の人に自分の身に起こったことを話さないようにした人もいるのです。

聖霊の賜物《たまもの》

異言だけが聖霊の働きではありません。新約聖書の後半部には、聖霊のいろいろな働きが書いてあります。それらを「聖霊の賜物」というのですが、それを強調する教会を福音派といいます。強調する度合いは、各教派によって異なります。このような聖霊の働きを、伝統的な教会ではほとんど耳にすることがありません。「聖霊の賜物」には全部で九つ出てきますから、項目だけを書き出します。

1　病気がいやされること。
2　信じられないような奇跡が起こること。
3　あることを突然知らされること（たとえば幻を見て知らされること）。
4　あるアイディアを突然与えられること。
5　自分の意志によらず突然ふしぎな言葉をしゃべり始める（異言）こと。
6　異言を聞くと、別な人がその言っていることを分かり始めること。
（上述の離婚しそうな夫婦の場合、知らないはずの日本語を話した人にも、それを聞いた日本人の妻にも聖霊が臨んだことになります。）

7　たとえば、迫害されても恐れを感じないような強い信仰が心にわいてくること。

（日本の「二六聖人の殉教死」の時のような場合もこれに当たるかもしれません。）

8　預言すべきことが与えられること。

9　悪霊の働きがはっきりわかること。

（「悪霊」とは悪魔から出ている無数の悪の手下です。「悪魔」は、その起源が明確に聖書の中で示されていませんが、天使が自らの意志で堕落してなったものと考えられています。すなわち、神が悪魔を造ったのではなく、天使が自分の意志で堕落したと考えられています。キリスト教の世界では詳しく分からないことがいくつかありますが、悪魔の起源はそのうちの一つです。）

以上の九つを「聖霊の恵みの賜物」とか「聖霊の賜物」といい、「コリントの信徒への手紙I」の第一二章八～一〇節に書かれています。この「聖霊の恵みの賜物」のことをギリシャ語で「カリスマ」といいます。一つ一つを詳しく説明する余裕はありませんが、すべてふしぎなことばかりで、初めて聞く人にとっては、にわかに信じがたいことばかりです。これらを強調すると、キリスト教は「カルト的」と思われてしまいます。聖書の中には理路整然とした「知的」な教えとふしぎな「聖霊の恵みの賜物」（カリスマ）の両方の面が書かれています。

伝統的な教会は、知的な教えを強調してきました。新しく現れてきた「福音派」は、両方を平等に強調します。しかし、福音派の教会は、ふしぎな聖霊の働きを正面から取り上げ強調するものですから、「カルト的である」と言って誤解される場合があります。聖霊の働きに関することを、理路整然と論理的に説明することには限界があります。しかし、過去百年ほどの間に、「福音派」の中にも、すぐれた神学者が多く現れ、いろいろな関連書物や研究書が出され、キリスト教会は新しい神学の時代を迎えています。

このような聖霊の賜物（カリスマ）を強調する教会を福音派といいますが、同時に「カリスマ派」とか、前述のように最初に起こった日にかけて「ペンテコステ派」とか「ペンテコステ教会」（ペンテコスタル・チャーチ）と一くくりにして呼ぶ場合があります。トランプ大統領を熱烈に支持しているグループは、このような福音派の人々です。そのような人々の中でも政治的な関心の強い人々や地域に住む人々がトランプ氏を熱烈に支持しています。それらの人々の中には、世俗化に反対する人々が多くいます。

ここまで読み進んでこられた読者は、このような福音派の人々とトランプ氏自身が同じキリスト教の信仰を持っておられるとは信じがたいことでしょう。トランプ氏はけっして福音派のキリスト教徒ではありません。福音派の人々の中には、トランプ氏を警戒し、反対している人々も多くいます。

たとえトランプ氏が熱心なキリスト教徒であるにしてもないにしても、トランプ氏を支持するキリスト教徒がいます。たとえば、旧約聖書の中には、イスラエルの国が、人々の不信仰のゆえに滅亡したことが書いてあります。しかし、イスラエル民族は、ペルシャ国のキュロスという異教徒の王によって助けられたと書いてあります（「歴代誌下」36：22–23）。そこには、全能の神が歴史を支配し、異教徒を支配し、人類を導いていることが記されています。トランプ氏を支持しているキリスト教徒の中には、この故事のように、トランプ氏がアメリカを世俗派の流れから救ってくれる大統領のように理解して、支持している場合があります。

話は変わりますが、キリスト教が、なぜローマ帝国中に急速に広まっていったかをふしぎに思っている人が多くいるのではないでしょうか。筆者は、少年時代に学校の世界史の授業を聞きながらふしぎに思っていました。キリスト教が教理だけを布教して広まったわけではないのです。むしろ、このような聖霊の働きによる奇跡的な出来事を伴っていたので、キリスト教が急速に広まっていきました。学校ではこのようなことが話されることはないと思います。キリスト教が急速に広まるときには、常に、「知的」な面と「聖霊の賜物」の面の両方がバランスよく働いています。

もう一つ「知的」な面と「霊的」な面のバランスに関する例を取り上げてみます。それは「カウンセリング」というものです。カウンセリングはクライアントの「心」の相談にのることです。カウンセリングは「知的」な心理学と言う科学的な知識を活用しています。しかし、人間には「人間の霊」が存在していることを前提に「心」の相談にのっています。カウンセラーは、「心」の相談にのった後で、祈りによって、聖霊が人間の霊に入り、聖霊が「心」を正常な状態にしてくれるように祈願しています。それがキリスト教カウンセリングと言われるものです。

日本では弾圧されたキリシタンの信仰や明治以降に入ってきたプロテスタントの「知的なキリスト教」やキリスト教の学校の影響が非常に強烈であったため、キリスト教のもう一つの側面である「聖霊の働き」がほとんど知られていません。福音派を理解するためには、まったく頭を切り替えて「もう一つのキリスト教」があると思った方が早く理解できると思います。

第5章

福音派教会が出てきた歴史的な背景

原始教会は福音派だった

イエス・キリストが生まれたのは、紀元元年ということになっています。十字架上で死んだのは、それから三三年くらい後のことでした。そこからキリスト教が始まり、さらに六〇年から七〇年くらいの間に新約聖書が作られました。このローマ帝国の支配下にあった初期の時代を原始教会の時代とか初代教会の時代と呼んでいます。

キリスト教は、こっそりと、ひっそりと、まさに野火のごとくローマ帝国の中で広がって行きました。イエスの十字架の話と共に聖霊の働きによる異言とか奇跡、病気の癒しなどによって、人々はイエスこそが神と信じるようになっていきました。現代の「福音派」と言われる教会の源流は、もともと原始教会にありました。

「クリスチャン」ということで捕縛してみたら、ローマ皇帝の縁者であったというような状況になりました。ローマ皇帝は、キリスト教をローマ帝国の国教にして国民を治めることにしました。それが紀元三九二年のことでした。

問題はこの後です。聖霊による信仰が弱くなっていきました。教会堂が建てられ、突然、大勢の人々が教会堂に押し寄せてきました。教会の教師たちは、彼らに聖書を教えなくてはなりませんでした。ここに「聖霊体験による信仰」から、「教育的な信仰」に自然に変わっていきました。知的な教育も人間には大切なことですから、このような教会の変化も、大きな目で見れば神の導きであったのかもしれません。

この後のことは、中学や高校の世界史の教科書によって、多くの日本人にはある程度知られています。ヨーロッパがカトリック教徒の国になっていきました。そして、カトリック教会の全盛期である中世を迎えました。その長い期間、「教育的なキリスト教」だけではいけないと言って、聖霊による体験を主張する人々が出ましたが、けっして多くはありませんでした。この期間が一〇〇〇年も続きました。そして、宗教改革を迎えます。

宗教改革とその後

一六世紀になり、マルティン・ルターやジャン・カルヴァンが宗教改革を起こしました。ローマ・カトリック教会に疑問を投げかけ、聖書の教えを中心にしたプロテスタント教会を打ち立てました。聖書の研究が進み、聖書の中に書いてある「聖霊の体験」を求める人々が出てきました。しかし、異言とか病気の癒しなどのふしぎなことは、聖書の時代だけのことで、今はもうないのだと言う人々が多く、「聖霊の体験」をしたという人が現れると、気がおかしくなったとか「異端者」のように扱われました。

さらに、一七世紀から一九世紀にかけて、聖書の科学的な研究がすすみました。ヘブライ語やギリシャ語で書かれた聖書原典の言語学的な研究が進み、それを基にした聖書の深い解釈がなされました。教会では、それに基づいた説教がなされ、説教が難しくなっていきました。

一週間で世界・万物が創造されたというような聖書の原理的な教えと、人間の疑い深い知性の発達とを、どのように折り合いをつけるのかの議論が起こりました。ドイツ人のフリードリヒ・シュライエルマッハー（一七六八年―一八三四年）という神学者が出て、近代神学の基礎を打ち立てました。それは人間の知恵を用いて、聖書の教えを論じる学問でした。人間の理性についてドイツ人のインマヌエル・カント（一七二四年―一八〇四年）という哲学者が議論しました。人間の知恵や文化が花開きました。たとえ聖書のことを語っても、神学を論ずる場合には、人間の知恵が先導しました。

逆に、「聖霊による体験」を求める人々も現れてきました。これは個人的な体験に基づいていますから散発的な出来事でした。今風に言えば「教祖的な人物」が現れると、その周りに人々が集まりました。この活動は、知的なことではないため、学問的に大きく取り上げられることではありませんでした。しかし、この流れの中から現代の「福音派」が生まれてきます。

現代の福音派のはじまり（メソジスト教会とホーリネス教会）

「福音派」という言葉は、国や教派や時代によって用い方がさまざまです。筆者は上述したように、(1)「聖霊」を強調する教会で、(2)聖書を字句通り信じる教会、(3)一九世紀後半に生まれた比較的新しい教会で、(4)宗教改革以来の伝統的な教会ではない教会を指します。（ワシントンＤＣにある調査・研究機関「ピュー・リサーチ・センター」の分類方法も筆者と同じです。筆者はそれに従っているわけではありません。筆者は独自の経験上から分類しています。）

現代の「福音派」が現れてきた源流は、イギリスの聖公会の司祭でジョン・ウェスレー（一七〇三年─一七九一年）という人に至ります。「福音派」がこの人から始まったという意味ではありません。すでに述べてきたように、起源は原始教会に至りますし、いつの時代も「聖霊体験」を強調する人々がいたからです。ジョン・ウェスレーは、現代の福音派の源流の元を作り出した人です。たとえれば、彼は頂上付近にある水源の最初の一滴ではなく、その前に、頂上付近の地面の中にしみていた水分のようです。

彼は宗教を生業としていたイギリス国教会の司祭の子として一七〇三年に生まれました。イギリス国教会はプロテスタント教会ですが、牧師のことを司祭と呼びます。成長して彼も司祭となりました。彼は聖書を学び、祈り、信仰を深くしようと努力しました。

一七三八年五月二四日、午後九時一五分前のことです。ジョン・ウェスレーが三五歳の時、道を歩いていて、ふと入った教会の夜の集会で、聖霊に囲まれ、心があやしくも燃えました。彼は、「神は生きている。神は今ここにいる」というふしぎな聖霊体験をしました。彼はけっして説教の上手な人ではありませんでしたが、この経験の後、彼が話し始めると、人々は神が近くにいる感じを持ち、心が燃やされ、話を聞いていた人の中には、自分の罪に苦しみ、地面をのたうちまわって罪の赦しを体験しました。ウェスレーは馬に乗りイギリス中を四万回以上も説教しながら回り、八八歳まで活躍しました。

彼はその日にあったことを几帳面《きちょうめん》に書き留める人でした。有名な書物、たとえば『キリスト者の完全』というのがあるのですが、さらに有名な書物は、彼の日ごとの『日記』でした。一七三八年五月二四日午後九時一五分前という細かいことまで書いてある「アルダスゲート通りの教会で起こったこと」もその日記の中にあります（彼の著した『日記』はイギリスの一八世紀の日常生活を研究する人々の参考書になっています）。

彼は八八歳で亡くなるまで、聖霊に満たされた熱心な信仰をもっていました。彼の感化を受けてできたのが、プロテスタントのメソジスト教会といいます。「メソジスト」とは彼らに付けられた「几帳面屋さん」というあだなでした。皆真面目で几帳面な人々の集団だったのでしょう。メソジスト教会は英国ではけっして大きくなりませんでしたが、新天地アメリカでは最大のプロテスタント教派になりました（やがて日本にも伝道され、明治時代から建つ東京の頌《しょう》栄《えい》教会、銀座教会、兵庫県の神戸栄光教会など日本キリスト教団の中に統合された二七〇余の教会がこの流れをくむ教会です）。

メソジスト教会の特徴は、聖霊の働きを強調するところでした。ところが、年月の経過とともに、その霊的な雰囲気が薄れ、知的な面を強調する伝統的な教会の一つになっていきました。筆者はアメリカでその教会の牧師、日本でもその系統の牧師でした。このメソジスト教会は、けっして聖霊の働きを忘れたわけではありませんが、学問を積んだ人々や人間の知識に富んだ人々が教会の中で重んじられ、聖霊、聖霊と言う人々は感情的な人々だと思われて軽んじられました。

しかし、メソジスト教会の中でも「聖霊の先導こそが聖書の伝える信仰である」と確信する人々は、メソジスト教会を革新させようとして、教会の中に「ホーリネス会」を作りました。それが一八四〇年代から一八五〇年代のアメリカとイギリスでのことでした。そして、それが発展して、いろいろな「ホーリネス系教会」（ウェスレアン・ホーリネス教会、フリー・メソジスト教会、ナザレン教会など）ができました。

「ホーリネス」とは「神の聖さ《きよ》」を指す言葉です。人間が清いという意味ではなく、罪深い自分たちがキリストの十字架の血で罪を清められ、聖霊で満たされているという意味です。そのようになることを「聖化《せいか》」とか「新しく生まれ変わる」と言います。「聖化」という言葉は、難しい言葉ですから筆者は使わないことにします。聖霊の働きを体験して、今までの自分ではなく、新しい人間に生まれ変わったことを強調します。このホーリネス運動の人々やホーリネス教会の人々は、ジョン・ウェスレーの身に起こったような聖霊体験を大切にしました。これが「福音派」と言われる人々です。

ホーリネス教会が生まれてから、聖霊の働きをさらに強調する人々が現れ、さらにその後、

「聖霊の恵みの賜物」（「カリスマ」＝「聖霊の賜物」）を強調する人々が現れてくるわけです。

ですから、筆者はメソジスト教会までを一応「伝統的な教会」、ホーリネス教会からを現代の「福音派の教会」とします。年代的には、一八〇〇年代の後半から福音派教会が発生したと考えます。そして、一九〇〇年代に入ってから、伝統的な教派から距離を広げ、福音派が独立したグループとして現れてきます。「福音派」が何年何月に始まったかを言うことはできません。繰り返しますが、それは元をただせば、原始教会の時代から、キリスト教の信仰そのものの中にあったからです。

科学の発達・ダーウィンの「進化論」

少し横道にそれますが、福音派の教会が現れてきた背景には、一般社会の変化を見逃すわけにはいきません。欧米でホーリネス教会が生まれ始めていた頃、一八五九年にイギリス人の自然科学者チャールズ・ダーウィン（一八〇九年―一八八二年）が『種《しゅ》の起源』を出版し、生物は長い年月をかけて進化してきたと論じました。旧約聖書の「創世記」の記述と矛盾します。ダーウィンの進化論は一つの仮説ですが、今まで、神が一週間で世界を創造したと信じ込んでいた当時のキリスト教徒は動揺しました。

　一九二五年、アメリカでは、公教育において、進化論を説明するなら同時に創造論も教えなければならないという法律を施行する州が生まれてきました。聖書の基本的な教え（ファンダメンタルな教え）を死守しようとする人々（ファンダメンタリスト）が大きな声を上げました。それに対し、同じキリスト教徒の中には、太古の昔に関する一つの仮説（進化論）に目くじらを立てる必要はない、という人々もいました。両者の間には溝が生まれてきました。伝統派の教会と福音派の教会の溝は、突然現れてきたのではなく、このような事件を通して、少しずつ大きくなっていきました。

聖書の一字一句をそのまま信じる福音派

「福音派」という言葉は、けっして特定のキリスト教の「教派」のことではありません。「福音派」という言葉には、「私は自由主義的な（リベラルな）聖書解釈をする人間ではけっしてありません。聖書の一字一句をそのまま信じる保守的な解釈をする人間です」と言う意味が含まれています。

　また、「福音派」という言葉はプロテスタント教会の言葉ですが、カトリック教会の信者の中にも同じような傾向の人々がいます。「福音派」とは、その人の心の中の信仰のある「傾向」

を表現している言葉です。

たとえば、「人間はアダムの子孫である」という聖書の教えを、そのまま自分の先祖のずっと先の先祖がアダムであると信じる人々を福音派と言います。それに対して、アダムは人類の祖と一応考えておく立場の人々を、進歩的な考えを持っている人々と言います。英語では、福音派の人々のことを「エヴァンジェリカルズ」（福音的な人々）と言い、進歩派の人々のことを「リベラルズ」（リベラルな人々＝自由主義的な聖書解釈あるいは進歩的な聖書解釈をする人々）と呼んでいます。このリベラルな人々を筆者は伝統派と呼んでいます。

もう一つ例を挙げてみましょう。「神は六日で世界を創造した」（旧約聖書「創世記」第一章）という聖書の教えを、福音派の人々は「神は六日で世界を創造した」とそのまま信じます。福音派の人々は、聖書の一字一句に忠実であろうとする傾向があります。伝統派の人々は、「神が世界を創造したことは信じるが、何億年もかけて生物は進化して現在に至っている」と考えます。

両者は同じキリスト教の信仰を持っていますが、聖書の教えをそのまま信じているか、自分なりに考えて（少し整理して）納得して信じているかの違いがあります。このように聖書の教えをそのまま信じようとする「傾向」の強い人々のことを「福音派」といいます。より人間の知恵を加える「傾向」の強い人々を「伝統派」といいます。

図2　福音派と伝統派

福音派
伝統派
あなたがたの信仰は本物の信仰なの？

あなたがたは固すぎますよ。

もっと世間の人たちの言い分も聞くべきだよ！

世的になってはいけないよッ！

マア、マア…

主は言われる。決してこの世と妥協してはいけない。彼らはまむしの子であって、その言葉には毒が含まれている。あなた方は主のことばに立ち帰りなさい。そうすれば主はあなたがた…

教会は神学が大切ですよ。なんといっても神学ですよ。神学！神学！

私、トランプに投票しちゃうもん。

毎週、自由主義的（リベラル）な聖書理解のもとで説教する牧師の教会（伝統派の教会）では、信徒も進歩的な聖書理解をするようになります。福音派の教会では、聖書の一字一句を信じて説教がなされますから、信徒も保守的な聖書理解をするようになります。両者の教会は、その聖書解釈だけでなく、用いられる言葉や讃美歌や雰囲気が違ってきました（図２「福音派と伝統派」）。

第6章

アメリカで栄えたプロテスタント教会

アメリカで栄えたいろいろな教派

宗教改革が起こったので、ヨーロッパの人々がすべてプロテスタントになったかというと、まったく違います。人間の宗教心はそれほど簡単に変わるものではありません。一五〇〇年間も続いてきたカトリック教会や正教会は、深く根を張った宗教として栄え続けています。ドイツやオランダやノルウェーなど北欧では、プロテスタント教会が多くなりましたが、それらの国々にもカトリック教会が、今もどっしりと根を張って存在しています。宗教改革が起こったころ、ポルトガル人のフランシスコ・ザビエルが、一五四九年に、日本に初めてキリスト教を伝えたことはよく知られています。彼はカトリック教会の司祭（神父）でした。それは宗教改革が起こったすぐ後のことでした。

プロテスタント教会は、イギリスそしてアメリカで栄えました。栄えたと言っても、カトリック教会がなくなったわけではありません。アメリカに移民してくる人々には、カトリック教徒も大勢いました。

アメリカでは、約二対一の割合でプロテスタントの方が多くなりました。プロテスタント教会の中でよく知られている教派は、聖公会、長老教会、メソジスト教会、ルーテル教会、北部バプテスト教会、会衆派教会（組合教会）などです。これらの教会が筆者が言うところの「伝統的な教会」です。プロテスタント教会にいろいろな教派があることが、日本人に教会を分かりにくくさせているかもしれませんが、中に入ってみると、各派によってそれほど大きな違いはありません。

筆者が最初に参加した教会は名古屋の韓国系の長老教会であったと前述しましたが、その教会の牧師から紹介された日本人の教会はメソジスト系の教会でしたし、筆者が牧師として働いた教会は、長老系とメソジスト系の教会でした。筆者が良いと感じる礼拝様式はバプテスト系です。各教派は、なんとなく雰囲気が違うという程度で、どの教派もほとんど同じです。教会運営の方法は異なりますが。

アメリカでは、プロテスタントの中で、メソジスト教会が監督制ですから、単一の組織としてはもっとも大きな教派になりました。バプテスト教会は、そもそも単立の各個教会主義ですから単一の教派にはなりませんが、連合を組んでいますから一般的には教派のように扱われます。南部バプテスト教会は、アメリカの南部を中心に非常に大きくなりました。このメソジストと南部バプテストという二つの教派が、アメリカの二大プロテスタント教派です。長老教会、会衆派教会、ルーテル教会、聖公会など日本人にもよく知られている伝統的なプロテスタント教派は、アメリカでは中堅どころ、あるいは大きな教派の部類に入ります。

西へ西へと向かったアメリカの移民たちは、信仰のない人々もいましたが、多くの開拓民は信仰だけを生きがいにしました。何家族かが住み着くと、すぐさまプロテスタント教会の牧師やカトリック教会の神父が来て、教会を作りました。ときには、まず牧師や神父が先陣を切って町を作りました。そのような話がアメリカの歴史を学ぶと、たくさん出てきます。日本でいえば江戸時代のことです。

西部開拓時代には、これらの教派が中心になって、町でキリスト教の大集会を開くと、馬車に乗って、二日も三日もかけて、開拓地から家族全員で参加しました。その頃には、まだ伝統派とか福音派と言うような区別はありませんでした。プロテスタント教会のすべてが、筆者の言うところの伝統派の教会でした。まだ福音派は生まれていませんでしたが、当時の教会の信仰そのものは、非常に福音派的な熱心さがありました。最初の移民の頃から二〇世紀の初めまで、実に長い年月をかけてこれらの伝統的な教会は発展しました。『大草原の小さな家』（ローラ・ワイルダー作）の背景になっている時代が含まれます。「福音派」という言葉が世に知られるようになったのは、その後で、二〇世紀になってからです。

「アメリカ・ファースト」

アメリカの歴史の中では、信仰の熱意がその地方全体に火のように燃え盛る時代がありました。アメリカでは初期の頃から現代まで、熱烈な信仰の波が二度三度と押し寄せてきました。数年間にわたり町中が聖霊につつまれているような雰囲気になり、あちらこちらの家々より讃美歌を歌う声が聞こえてきました。

「アメリカ・ファースト」という言葉には、このようなアメリカ的な響きがあり、建国の時代から続く歴史的な意味が含まれています。トランプ大統領が、「アメリカ・ファースト」という言葉を「国内優先」という意味で使っているとしても、彼や聴衆の体の中にしみ込んでいる歴史的なものがあるはずです。古くから住んでいる国民にとっては、「アメリカ・ファースト」という言葉には、ノスタルジックな特別な意味があるに違いありません。トランプ大統領は、二〇一八年に南部のテキサス州で「私はナショナリストで、それを誇りにしています」と

写真1　グラハム氏と筆者(1973年)

演説しました。きっと彼は保守的な白人系の人々の心に訴えたのでしょう。

　筆者は一九七三年にビリー・グラハム牧師(一九一八年—二〇一八年)という大衆説教家の大集会の準備を八か月間手伝いました。その頃には、すでに福音派という言葉が盛んに使われていました。グラハム牧師は福音派の中心人物でした。その大集会は一年がかりの準備でしたが、五万人ほどが入れる野球場を、七日間満席にして開催されました。南部のアトランタ市の集会でしたから、多くの南部バプテスト派の教会が協力しました。もちろん他のプロテスタント教派も協力しました(写真1「グラハム氏と筆者」)。

　アメリカと言う国は、本当に信仰によってできた国でした。アメリカからキリスト教の信仰を取り除くと一体何が残るのでしょうか。それにもかかわらず、信仰を中心にアメリカという国を考える日本人がどれほどいるでしょうか。それを抜きにして、「アメリカ・ファースト」という言葉だけがメディアで取り上げられています。それは信仰を第一にしてきた先祖たちの歴史を含み、けっしてアメリカだけが儲かればよいという意味だけではないと思います。

開墾して西に進んだ人々は、西海岸に達し、さらに太平洋を渡って西に向かった人々がいました。その人たちが日本に伝道した初期の宣教師たちでした。そのような信仰の熱意が初期の日本のプロテスタント教会の伝統的な教会を形作っていきます。日本の多くの人々が知っている教会は、そのような教会のことです。それらは伝統的な教会のことであって、福音派の教会ではないのです。

なぜキリスト教はそれほど伝道にこだわるのでしょうか。それはキリストの教えから直接来ています。イエス・キリストが、「全世界に出て行き、私が十字架にかかって死んだことを伝えよ」（「マタイによる福音書」28：19、大意）と命令したからです。これが命令だったことが重要な点です。キリストは二つの命令を残しています。この「伝えよ」と、もう一つは「隣人を愛せよ」という二つの命令です。これは神からの強い命令ですから、どれほど困難な状況でも、キリスト教徒は伝道し、福祉的な働きをしてきました。

日本に伝えられたキリスト教は、聖書の「教え」を中心にした教育的なキリスト教でした。ですから日本人がキリスト教を知識として理解しても、けっしておかしくありません。また、日本人が知っているプロテスタント教会が、伝統的な教会ばかりだと思ってもやむをえないことです。しかし、キリスト教には「聖霊の働き」というもう一つの面があり、それを強調するのが福音派といわれる新しい流れの教会です。日本では、この福音派の教会が戦後になって急速に発展しました。

第7章

アメリカの福音派教会の爆発

一九〇一年一月一日のこと

明日から二〇世紀が始まろうとしていた一九〇〇年一二月三一日のことでした。アメリカの中央部にあるカンザス州のトピカ市にホーリネス系の「聖書学校」がありました。そこの教授であったチャールズ・パーラム牧師（一八七三年―一九二九年）という人は、学生たちに聖書について、特に聖霊について教えていました。その教えを受けて、学生たちは、「除夜祈祷会」を開催して徹夜で祈っていました。明け方に、一人の女性アグネス・オズマンさんが、聖霊に満たされ異言を発し始めました。

徹夜で祈るということ自体を、どのようなものか理解できない人がいるかもしれません。キリスト教徒にとってはよくあることですが、徹夜で、教会や自分の部屋で聖書を読んだり、聖書の話を聞いたり、自分の目の前にいる（と信じている）神をほめたたえたり、自分の罪を告白したり、願い事を言ったり、讃美歌を歌ったりする一連のことを自由にする会を「祈祷会」と呼んでいます。日本で言う神社の境内で「お百度まいりをする」というような願い事だけを繰り返すことではなく、一種の自由な礼拝式のようなものだと思ってください。聖書を読むことと祈りをすることが中心です。

一人の女性が異言を語りだしたら、それが周りにいた人々に伝わり、その人々も異言を発し始めました。すぐさま、このふしぎな出来事はパーラム教授にも知らされ、パーラム教授自身もすぐに異言を発し始めました。すなわち、異言を語る人が一人でも現れると、近くにいる人々にも同じような現象が現れます。たちまち、この出来事はその地方にあるホーリネス教会で話題になり、他の教派の人々にも伝えられました。中には同じような体験をする人々が続出しました。同じ体験をしたいと願っても、自分の身には何も起こらない人々もいました。牧師や信者の中には、一種の集団ヒステリーのような現象に違いないと言って危険視する人々も現れました。

それから五年ほど経ち、パーラム牧師は、テキサス州ヒューストン市で、「聖霊を求めること」、「異言は聖書の時代だけのものではなく今もあること」などを話していました。会衆の中に一人のアフリカ系の男性がいました。まだ黒人差別が激しく、区分された席に座っていました。その人は非常に控えめな、見るからに真面目そうな風貌をした青年牧師でした。彼の名はウィリアム・シーモア（一八七〇年―一九二二年）と言います。彼はたまたまロサンゼルス市のある教会から自分たちの教会の牧師になってくれないかと招かれていました。彼はそれを受け入れて赴任しました。

アズサ通りのリバイバル

そのロサンゼルス市の教会はホーリネス教会でした。しかし、シーモア牧師が異言についての話をするものですから、わずか二か月在任しただけで辞めさせられました。やむを得ず同じロサンゼルス市のアズサ通りという道路に面した所で集会を始め、伝道を続けることにしました。集会を始めてすぐ、一九〇六年四月に彼自身の口から異言が出てきました。それから、多くの人々が加わるようになりました。

わずか数週間で多くの白人、アフリカ系、ヒスパニック系（スペイン語を話すメキシコをはじめ中南米系）の人々が、彼の集会に集い始めました。集まってきた人々の多くが異言を発し始めました。噂がうわさを呼び、全米から、そのような信仰こそが本物だと言って、牧師やキリスト教徒がやってきました。新聞記者が紛れ込んで取材して、「異常な人々だ」と書きたてました。しかし、そのような批判を吹き飛ばすような勢いがアズサ通りに集まる人々にはありました。

アメリカでは、人種差別はいけないと言いつつ、いつのまにか白人、アフリカ系、ヒスパニック系、アジア系などの教会が自然にできてきましたが、このアズサ通りの教会は、本当にキリストの十字架の血によって清められ、人種差別のない麗《うるわ》しい集会になっていきました。シーモア牧師自身がアフリカ系の人でしたし、ロサンゼルスにはいろいろな人種の人々がいたからです。

一九〇六年に始まったこの出来事は、一九〇九年まで丸三年ほど続きました。熱烈な状態が三年ほど続いたという意味です。この出来事をキリスト教会では「アズサ通りのリバイバル」と呼んでいます。「リバイバル」(再興《さいこう》)とは、新約聖書の「使徒言行録」第二章の「ペンテコステの出来事」の再来を指します。

これが一五一七年に起きたマルティン・ルターの宗教改革と並んで「アズサ通りの出来事」あるいは「アズサ通りのリバイバル」と称されるようになったのは、後の時代のことです。初めの頃は変わった人々の変わった集会と見られました。そして、多くのロサンゼルス市民からは、何事もなかったかのように無視されました。しかし、同じような集会や教会が少しずつ増殖していきました。このような聖霊運動は、よくスポーツにたとえられます。スポーツもまた二〇世紀に急速な発展を遂げたからです。(2)

ペンテコステ系教会の誕生

この「アズサ通りのリバイバル」から二つのことが起こりました。第一は「アッセンブリーズ・オブ・ゴッド」(「神の会衆」)という教派が生まれたことです。今では、全世界二一二か国に六七〇〇万人もいる、ペンテコステ系では最大の教派になりました。

さらに、「神の教会、クリーブランド系」や「〇〇使徒教会」という教派が生まれてきました。いろいろな「使徒教会」という名前の付いた教会は、初代教会の使徒たちの信仰を受け継いでいる、すなわち「聖霊の賜物」(カリスマ)を強調する教会であるという意味を含んでいます。第二部で述べるように、全世界でこの名が付けられた教会が多くあります。ほとんどがペンテコステ系の教会です。

第二のことは、「聖霊の賜物」を受けた牧師や信徒が、「アズサ通りのリバイバル」が始まった年の内あるいは数年以内と言う早い段階で外国に伝道のため出て行き、世界中に一気に新しい教会が広まっていきました。日本にも一九〇八年という「アズサ通りのリバイバル」の最中に入ってきましたが、前述したように、日本は戦争に向かってまっしぐらに進んでいた時代で、伝道の難しい時代でしたから、その活動は困難を極めました。

『朝の九時』

『朝の九時』という本は、アメリカではとても有名な本です。

著者のデニス・ベネットという人は、アメリカのカリフォルニア州のヴァン・ナイズという所の伝統的なプロテスタント教会である聖公会の司祭でした。

一九六〇年四月三日に、四三歳の時に、ベネット司祭は自分の教会で自分が異言を経験したと発表しました。彼は非常に大きな喜びにつつまれていました。それは神が共にいる喜びでした。このような喜びのことを、聖書では「聖霊による喜び」と言います。しかし、教会の中で反対する人々が現れ、騒動になり、それが地方新聞に載り、いろいろなマスコミで取り上げられ、『タイム』誌や『ニューズウィーク』誌の記事になりました。彼は、すぐにその教会から辞任を求められ、同じアメリカ西海岸のシアトルにある聖ルカ教会に転任しました。そして、アメリカの聖公会や他の教派のカリスマ派の人々のために働き、一九九一年に亡くなりました。

プロテスタント教会の伝統派の中でもっとも格式が高いと考えられていた聖公会の牧師が、

異言を語り始めたというセンセーショナルな出来事は、それまでペンテコステ教会を一部の変わったプロテスタント教会ぐらいに思っていた人々の間に、想像を超える大きな衝撃と波紋を呼びました。

ベネット司祭（牧師）は、自分の経験してきたことを一冊の書物にしました。それが一九七〇年に出版された『朝の九時』という本です。すぐさま諸外国語に翻訳され、日本語では一九七三年に、愛知県の「生ける水の川」というグループによって出されました。(3)「朝の九時」というのは、新約聖書「使徒言行録」第二章に出てくるペンテコステの出来事が起こったのが朝の九時頃であったところから来ています。

この影響は非常に大きく、今までの伝統的な教派であるバプテスト教会、メソジスト教会、長老教会、ルーテル教会、その他の教派の教会でも異言を語る人々が続々と現れました。驚くことにカトリック教会の中にも現れました。そして現在に至っています。

このグループの人々は、今まで自分が属していた在来の教会（伝統的な教会）の中にとどまりました。この点がこの運動の特徴となりました。この人々を「伝統的な教会にいるカリスマ系の人々」と呼びます。

さらに自分の教会を離脱して新しい教会（教派）を作る人々も出ました。この第二のペンテコステ教会とも言うべきグループを「カリスマ派教会」といいます。

一九六〇年以降に起こったこの「カリスマ運動」は、一九〇一年以降の最初のペンテコステ運動より大きな影響を及ぼしました。その理由は、信徒数の多い既存の伝統派教会の中で起こったからです。このため、それより六〇年も前にできていたペンテコステ教会を、たとえば「クラシカル・ペンテコステ教会」と呼んで区別する人がいます。また、両者を区別しないで、ひとまとめにして「ペンテコステ教会」と呼んだり「カリスマ派教会」と呼んだりする人もいます。「ペンテコステ派」と「カリスマ派」とをあまり区別しない人もいると言う意味です。さらに、いわゆる伝統的な教会の中にも「福音派」に数える方がふさわしい人々が多くなってきました。

このペンテコステ・カリスマ派教会は、第2部で述べるように、一九六〇年代以降、火山の爆発のように世界規模で急成長して、在来の伝統的なプロテスタント教会の信徒数を一気に越えてしまいました。現在、全世界で福音派は五億人になるといわれています。これが二〇世紀という百年間、もう少し厳密に言うと過去五〇年間に起こったわけです。多くの人々、特に日本人が全く気付かないうちに、世界の教会の中身が大きく変わってしまったわけです。（トランプ氏は、もちろんこのような地殻変動とも言えるような教会の変化を、一人の政治家として知っているに違いありません。）

アメリカの伝統的な教会の凋落

アメリカの伝統的な教会の名前を上げますと、合同メソジスト教会、北部バプテスト教会（アメリカン・バプテスト）、福音ルーテル教会、長老教会、聖公会、会衆派教会などです。これらの教会は、一九七〇年頃をピークに、急速に信徒数を減らし始めました。たとえば、合同メソジスト教会の場合、一九七五年に九九六万人もいましたが、二〇一五年には七三〇万人に、福音ルーテル教会では五四〇万人から三七六万人に、聖公会は二八六万人から一八二万人に、長老教会は三五四万人が半分以下の一五七万人に減り、現在も減少が続いています。

伝統的な教会は、人間の知識を用いて聖書の理解を深めようとする「リベラル」（自由主義的、進歩的）な傾向が強く、日常生活では、男女の平等、夫婦の平等などに理解を示し、同性婚などの新しい問題に対しても幅の広い理解をする人が多くいます。たとえば、アメリカ長老教会は二〇一四年、同性愛者の結婚を認め、式文を「一人の男と一人の女」から「二人の人間」に字句を修正し、実際の使用にあたっては、各教会の牧師個人に最終判断を任せました。

伝統的な教会の力が頂点に達したのは、一九六〇–七〇年頃でした。すなわち、このころまでは、プロテスタント教会の伝統的な教会が圧倒的に多数を占めていました。しかし、少しずつ「福音派」とか「霊的」（スピリチャル）とかいう言葉が、多く使われるようになり始めました。また、「異言は変だ」「一時的な現象だ」と言って批判していた人々は、「福音派」の人々を認めるようになっていきました。それは、たしかに聖書には、「聖霊の賜物」のことを、ごく自然に書いているからです。

数年前に筆者はニュー・ヨークにある「ユニオン神学校」の図書館に行きました。戦後世界の伝統的な教会の最高峰の一つに数えられた神学校が、閑散としていました。図書館は隣接するコロンビア大学の一部になってしまっていました。その図書館はプロテスタント系図書館としては世界最高の蔵書を誇っていました。筆者は自分でスイッチを入れ、薄暗い館内で本を探しました。寂しさのあまり、平家物語ではありませんが、おもわず「驕《おご》れるもの久しからず」と口ずさんでしまいました。ユニオン神学校が驕っていたわけではけっしてありませんが。

福音派教会の急増

他方、聖書の教えをそのまま守り抜こうとする福音派の人々は、アメリカやヨーロッパで結束するようになり、一九五一年に「世界福音同盟」を結成しました。「福音派」という言葉が社会的な認知を得て、世間で用いられる言葉になりました。氷山に例えれば、海の上に顔を出したのが一九五〇年頃といえます。

福音派教会の教派名を上げますと、南部バプテスト連盟、ホーリネス系の教会、多くのペンテコステ系の教派、多くのカリスマ派の教派などです。たとえば、〇〇長老教会とか〇〇メソジスト教会と名が付いていても福音派に属する小教派が非常に多くありますから、名前だけでは福音派か伝統派かを判別できません。聖書の一字一句をそのまま信じる点、聖霊によって新しく生まれ変わること（ボーン・アゲイン）を強調する点、「聖霊の賜物」を強調する点、伝道に非常に熱心な点などが福音派教会の共通点です。

福音派の教会は、聖書をその言葉通り受け止めようとする傾向が強く、聖霊の働きを強く主張します。それだけではなく、日常生活では、男と女は神によって創造された者で明確に区分すること、夫は自分の命を犠牲にしてまで妻を愛すること、夫は家族を守る責任のあること、妻は夫の先に神を見て夫に従うことなどの主張が強く、同性婚や中絶に強く反対します。

たとえば、この「福音派」に数えられる南部バプテスト連盟は、一九七五年の一二七三万人から、二〇一五年の一五二九万人に増え、アッセンブリーズ・オブ・ゴッド教団は、一一四万人から三一九万人に増加しました（Flower Pentecostal Heritage Center, Assemblies of God, 2016）。

筆者の友人の子が最近東南アジアの福音派の神学校に留学していると聞きました。「なぜアジアの神学校に留学するのでしょうか。」筆者のような高齢の人間は、留学と言えば欧米とばかり思っていましたが、すっかり変わってしまったキリスト教の世界に驚くばかりです。アジアの福音派の神学校が充実し、留学して学ぶ青年が増えてきました。

両派つまり伝統派と福音派の教会は競い合っています。競い合うと言っても、喧嘩しているわけではありません。伝統的な教会は、学問的で知的な信仰を強調し、福音派は聖書の字句通りの解釈と聖霊への信仰を強調します。その伝統的な教会の信徒数が減少し、福音派が増加したということです。

トランプ大統領は、このような「伝統的な教会の凋落」と「福音派教会の興隆」というアメリカ教会を背景にして生まれてきました。さらに、日本人にはあまり知られていないことですが、本書の第2部で明らかにされるように、同じことが世界の教会で起こっています。アメリカの国民は日本人以上に世界の情勢やキリスト教会を身近に把握していますから、政治家トランプ氏はその変化を把握して、政治家としての判断をしていると考えられます（写真2「アメリカの福音派教会の礼拝。手前にあるのはパンとぶどう酒の入った聖具。二〇一九年）。

写真2　アメリカの福音派教会の礼拝。手前にあるのはパンとぶどう酒の入った聖具(2019年)。

あてにならない宗教人口

現在のアメリカ合衆国のキリスト教徒数は、全国民（三億二八〇〇万人）の七〇・六%に達します。日曜日の礼拝に毎週かならず出席する信徒、ときどき出席する信徒、収穫感謝祭に近い日曜日かクリスマスのときだけ出席する信徒もいます。まったく教会の礼拝に参加しないクリスチャンもいます。

信仰のない人々とつきあえば、社会生活の中で教会の影響などほとんど感じませんが、教会に通う習慣の人々とつきあえば、非常に多くの人々が、日曜日の礼拝を中心に、この世で生活をしていることを目撃します。外国の中高生をホーム・ステイさせている家庭には、教会に行っている家庭が多いようです。

そもそも宗教人口は計れません。宗教団体が発表する数字を合計すると、大方の場合実際の人口より多くなります。日本では、実際の人口は一億二六〇〇万人余ですが、宗教人口は一億八〇〇〇万人以上になります。さらに言えば、そもそも人の心の中にある信仰心をだれが数えることができるのでしょうか。ですから、この本の中に出てくる数字は、あくまでも理解の参考のための小さな資料に過ぎません。かなり正確さを求めましたが、小さな資料の一つに過ぎないものとして数字を取り上げます。

アメリカ合衆国のキリスト教徒が、人口の七〇・六％ということは、もう少し厳密にいえば「自分をキリスト教徒であると言う人」の数です。一般的にキリスト教徒は、カトリック教徒とプロテスタント教徒に分けられますが、アメリカのカトリック教徒は全人口の二〇・八％で、プロテスタント教徒は四六・五％です。（ピュー・リサーチ・センター、二〇一四年）。プロテスタントの中だけで言いますと、伝統派教会の信者数が総人口の一四・七％、福音派が二五・四％です。アメリカの事情に詳しい日本人が、この数字を見ると誰しも驚きます。それほど短期間のうちに、伝統的な教会の凋落と福音派教会の増加が急速に進み、逆転したからです（図3「アメリカの宗教人口」）。

図3　アメリカの宗教人口

キリスト教徒	**70.6%**				
		プロテスタント	46.5%		
				福音派……	25.4%
				伝統派……	14.7%
				黒人教会……	6.5%
		カトリック	20.8%		
		モルモン	1.6%		
		エホバの証人	0.8%		
		正教会（オーソドックス）	0.5%		
		その他のキリスト教	0.4%		
無宗教	**22.8%**				
非キリスト教	**5.9%**				
他（無回答）	**0.6%**				
合計	**100%**				

（ピュー・リサーチ・センター、2014年）

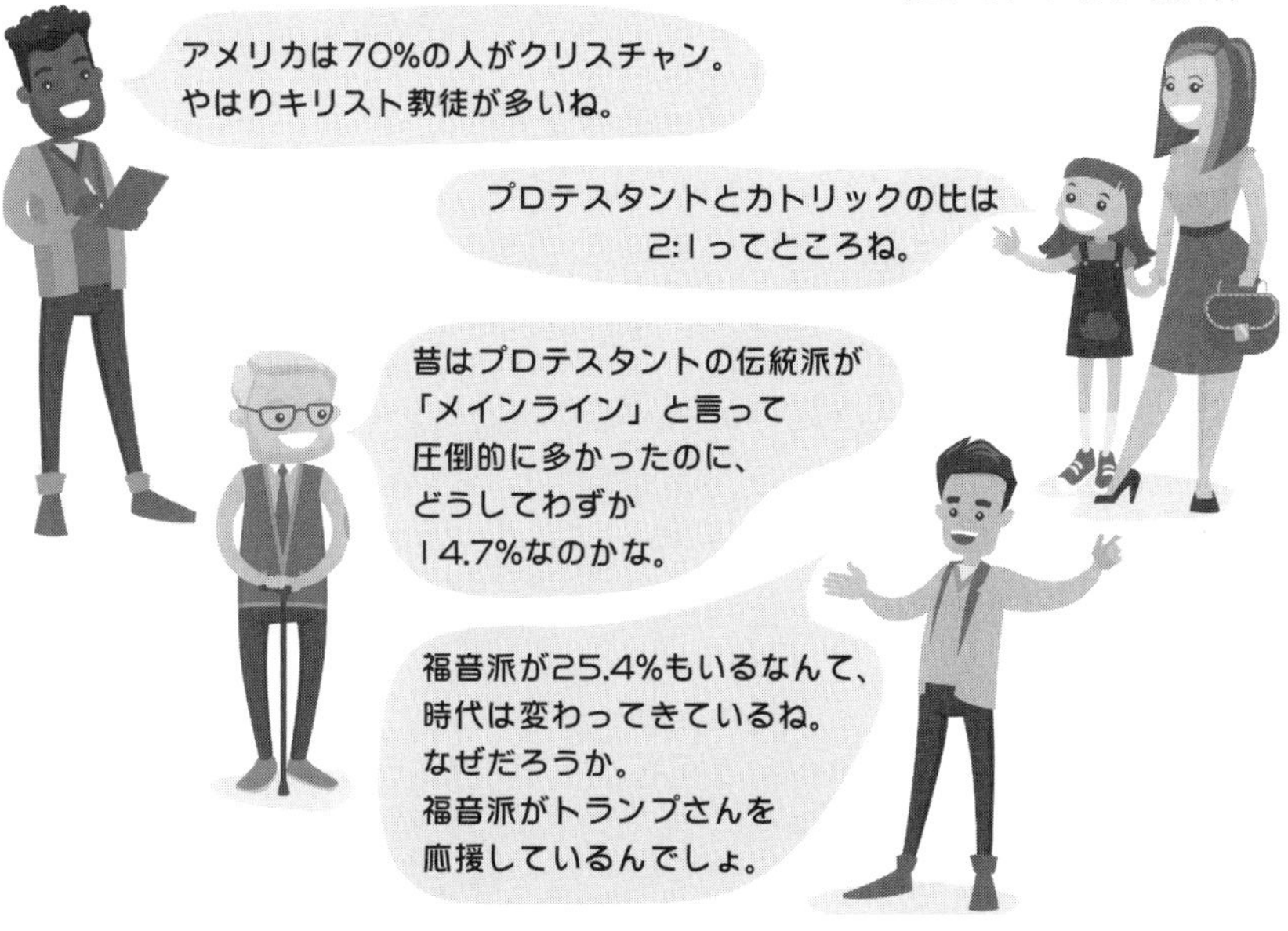
アメリカは70%の人がクリスチャン。やはりキリスト教徒が多いね。
プロテスタントとカトリックの比は2:1ってところね。
昔はプロテスタントの伝統派が「メインライン」と言って圧倒的に多かったのに、どうしてわずか14.7%なのかな。
福音派が25.4%もいるなんて、時代は変わってきているね。なぜだろうか。福音派がトランプさんを応援しているんでしょ。

第8章

世界的な変化

北半球から南半球へ

アフリカや南米の一部、またアジアの多くが北半球に位置していますから、「北半球から南半球へ」という表現が適当であるかどうかわかりませんが、今非常な勢いでキリスト教の中心点が、ヨーロッパ、アメリカから南半球を含むアジア、アフリカ、南米へと移りつつあります。

聖公会のデニス・ベネット司祭が『朝の九時』を出版するにいたった一九六〇年代は、アフリカ諸国がヨーロッパの植民地から次々に独立した時代でもありました。その頃、アジアの諸国も古い時代からの「解放」を求めていました。さらに南アメリカ諸国も貧しさからの「解放」を求めていました。そこに世界規模で起こっている人口の急激な増加が重なってきました。

人口の増加に関しては、図4、図5を参照してください。福音派の中の「カリスマ派」が生まれてきたのは、まさにこのような歴史的人口増加の時代だったのです（図４「世界の人口の移り変わり」）。

世界人口の急増

過去一〇〇年の間に、世界の人口は四倍以上になりました。しかし、ヨーロッパの人口はあまり変わらず、北アメリカの人口の増加はわずかでした。それに比べ、アフリカは、四七年間という現在の多くの人々が生きてきた目の前で三倍以上に、南アメリカとアジアは倍以上に増加しました。しかもその数が億単位という考えられないほどの規模です。

人口が爆発的に多くなったアフリカと南米でキリスト教徒が大きく増えました。その増えた分が福音派の人々と重なります。すなわち、人口増加とペンテコステ・カリスマ派教会の発生が重なったのです。結果的に、キリスト教の中心点が、北半球から南半球に移ったと言えます。ある人は、発展途上国の経済的な規模は非常に小さいから影響は少ないというかもしれませんが、人口の増加は経済とは別の問題です。

各大陸別の詳しい教会の様子については第2部で説明します。その結果、概算でアジア、ア

図４　世界の人口の移り変わり

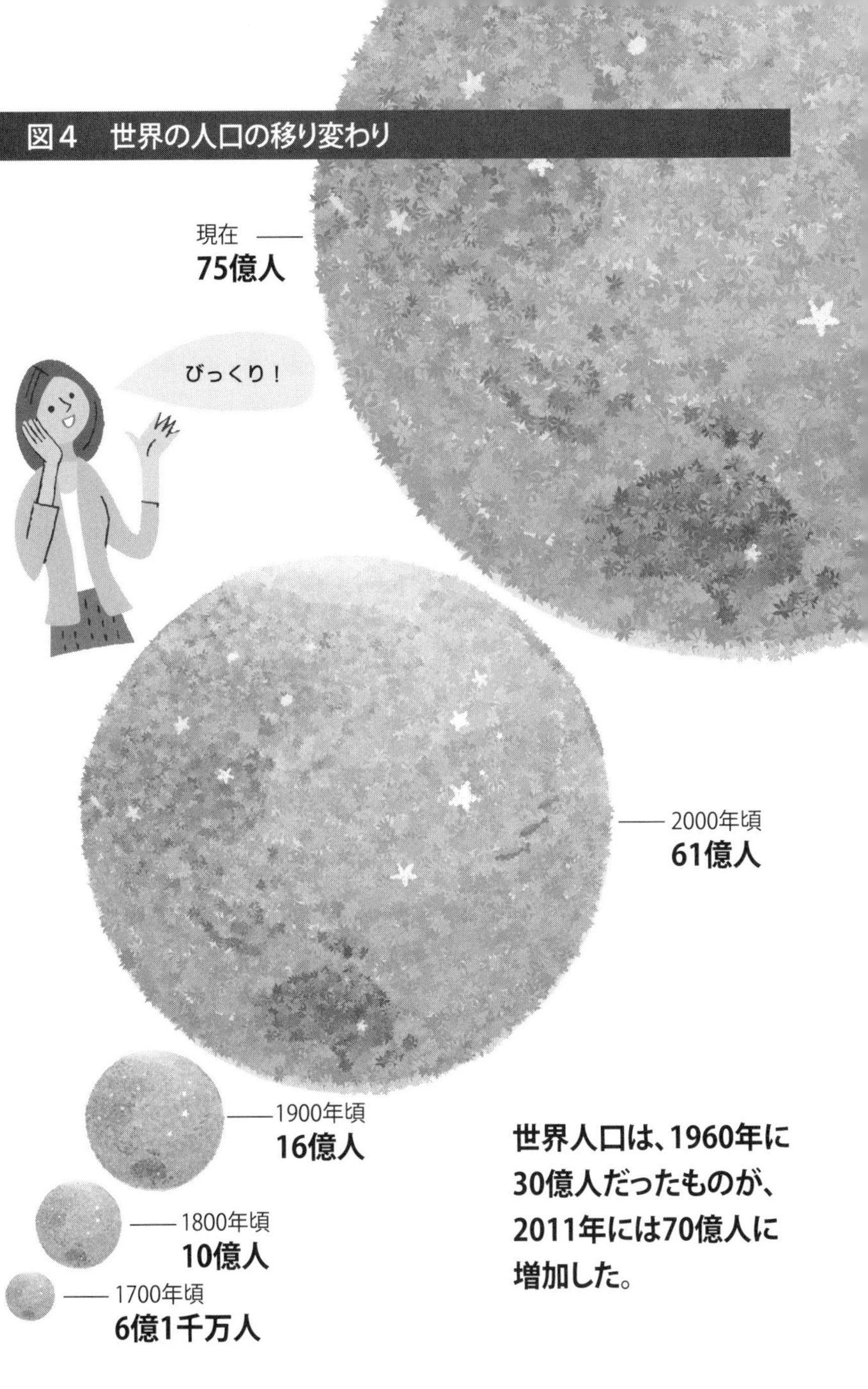

世界人口は、1960年に30億人だったものが、2011年には70億人に増加した。

フリカ、南米のキリスト教徒人口が、今までキリスト教の中心を占めていた北半球の三倍以上になりました。この傾向は今後も続くと予想されます。特に、アフリカと南アメリカの福音派人口の増加は驚異的です。

キリスト教の中心点は確実に北から南に移り、同時に伝統的なキリスト教会から福音派教会に移りました。それは西洋的なキリスト教会から、各大陸の特色ある教会つまり発展途上国の教会へと移り変わりつつあるとも言えます。日本は島国ですし、世界の宗教的な変化に大きな関心を寄せないために、このような変化があまり知られていないかもしれません（図５「大陸別世界の人口と推移」）。

一九六〇年代のカトリック教会の変化・ヴァチカン公会議

一九六〇年代は世界のカトリック教会にとって画期的な出来事がありました。カトリック教会は、動物の象に例えられることがあります。大きな組織だから小回りが利かないために動きが鈍くなります。しかし、ひとたび決定されると、非常に大きな影響を及ぼします。そのカトリック教会において、三年がかりの世界的な会議が開かれました。開催地がローマのヴァチカン市国でしたので、「第二回ヴァチカン公会議」（一九六二年―一九六五年）と称されます（第一

図5　大陸別世界の人口と推移

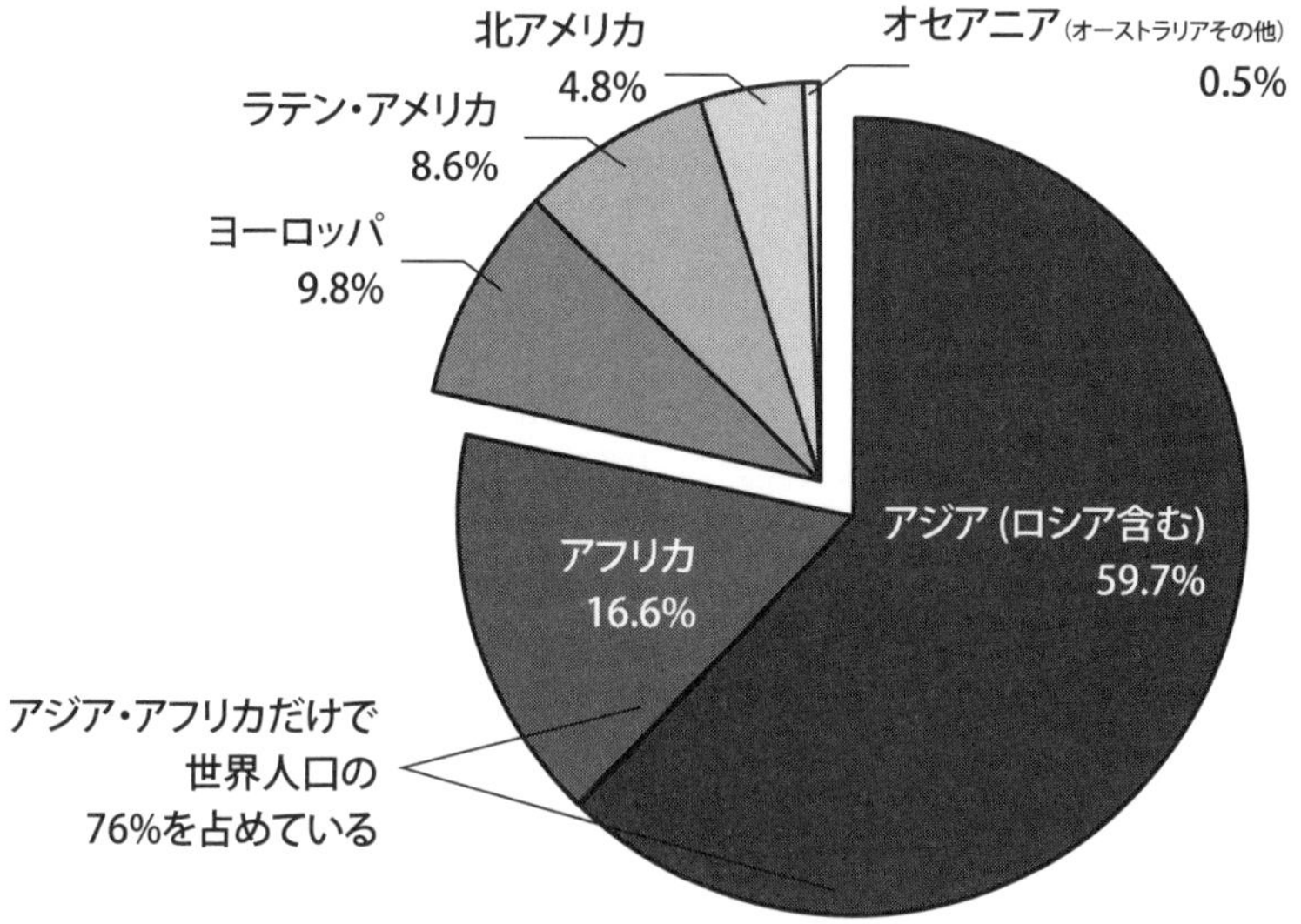

大陸別世界人口統計の推移

	1970年	2017年
世界人口	**36億9100万人**	**75億4926万人**
アジア(ロシア含む)	21億4200万人	45億0443万人（約2.1倍）
アフリカ	3億5600万人	12億5627万人（約3.5倍）
ヨーロッパ	6億5700万人	7億4207万人（約1.1倍）
ラテン・アメリカ	2億8500万人	6億4599万人（約2.3倍）
北アメリカ	2億3200万人	3億6121万人（約1.5倍）
オセアニア（オーストラリアその他）	1920万人	4069万人（約2.1倍）

（参考・日本の総人口　1億2670万人）　（『世界統計年鑑』（2000年、2017年）国連統計局、原書房）

回会議は一八六九年―一八七〇年でした)。

その会議のもっとも大きな決定事項は、各国・地方の特殊性を認めるということでした。たとえば、礼拝の様式を、ラテン語から各国語で行ってもよいことになり、さらに簡素な様式を含んだ三通りの様式を示したことでした。分かりやすく言えば、日本語で礼拝を行い、日本的な特殊性を持たせてもよいということです。このあたりまえのように思われることが、あたりまえでなかったところにカトリック教会の旧さがありました。

一九六〇年代のアフリカ諸国の独立

一九六〇年代には、もう一つの大きな出来事がありました。それはアフリカ諸国が植民地支配から次々に独立していったことでした。独立していった国々のキリスト教会が爆発的に発展しました。詳しくは後の章で取り上げます。それまでも地道な宗主国中心の伝統的なプロテスタント教会とカトリック教会の伝道がなされていたのですが、それほど大きな成果はありませんでした。そのような中で「アフリカ発の教会」(African Initiated Churches)が急成長しました。そのような教会のことをネオ・カリスマ派の教会と呼ぶ人もいます。なぜなら、聖霊の賜物(カリスマ)を与えられたアフリカ人指導者が、アフリカ的な教会を興し始めたからです。

戦後の世俗化の波

男性中心であった人類史に、女性から激しい反対運動が起こりました。また、人数が少ないために社会的弱者とされていた人々が、人間としての権利を主張しました。特に、世俗化の運動は戦後に大きくなりました。世俗化を唱える人々が賛成する人工妊娠中絶や同性愛の問題は、聖書の教えに真っ向から対立するものでした。

一神教の人々、特に福音派の人々は、胎内にいる微小な胎児が命を持ち、中絶は殺人に当たり、同性愛は禁止律法の一つ（旧約聖書「レビ記」18：22）であると主張します。福音派の人々は、すべての生命の所有者は神であり（「創世記」第一章、この立場を「プロウ・ライフ」＝「賛成・神によって創造された生命」と言います）、男女の創造者は神であると信じています。ところが、この人々が、世俗派の人々から非常に厳しく批判される側に立たされました。このような歴史的な流れは現在も続いています。世俗派の人々は、神ではなく、人間を中心に置き、人間ひとりひとりの自主的な選択（プロウ・チョイス）が優先されると主張します。このような世俗化の流れは、先ずヨーロッパで起こりました。

二〇世紀のエキュメニズム

筆者は日本の神学校を卒業後、三〇歳まで地方にある小さな教会で伝道活動をしました。その後アメリカに留学しました。授業料を奨学金でまかない、生活費をアルバイトで稼ぎました。その大学の神学部にアルバート・アウトラーという教授とリチャード・ホッグという教授がいました。その大学はいわゆる伝統派（進歩派）で、二人とも「エキュメニズム」の専門家でした。

「エキュメニズム」という言葉は、ギリシャ語の「オイクゥメネー」から来ている語で「（人が住んでいる）世界の」という言葉からきています。カトリックという言葉と同じように、「世界全体」という意味を持ち、したがって「教会も一つでなければならない」という主張が込められています。神が天地を創造したひとりの神であるから、教会も世界で一つだけでなければならないという主張です。日本語では「世界教会主義」とか「世界教会一致主義」と訳されます。カトリック教会とプロテスタント教会に分かれている現状や、プロテスタント教会の中に数多くの教派があることは、世界の人々に神を証《あかし》してゆく上においてマイナスになるから、一つになることを目指そうという考え方です。筆者が師事した二人の教授は、アメリカにおけるそのグループの中心人物でした。すなわち伝統派教会の代表的な教授でした。

このようなエキュメニズムという考え方が出てきたのは、ちょうどペンテコステ教会ができた頃と重なります。両方とも、世人にはあまり知られていない二〇世紀初頭に起こった運動です。伝統的な教会が世界会議を開きました。近代のエキュメニカル運動は、一九一〇年の「エディンバラ世界宣教会議」から始まるというのがホッグ教授の主張でした。やがて伝統派プロテスタント教会が中心になり「世界教会協議会」（World Council of Churches 通称ＷＣＣ）が、一九四八年に創設されました。しかし、カトリック教会は参加せず、オブザーバーを派遣し、委員会に委員を派遣しただけでした。この運動は、まだプロテスタント教会の伝統的な教会に勢いがあった頃に始まりました。

プロテスタント教会の福音派は、その運動に参加しませんでした。むしろ、福音派は「世界福音同盟」を一九五一年に結成して、独自の道を歩み始めました。また、アメリカの大衆説教家ビリー・グラハム牧師などの提唱により、一九七四年に「ローザンヌ世界伝道会議」を開き、伝統派と一線を画するようになりました。理由は、「世界教会協議会」が積極的に政治・社会問題に対して発言する姿勢を持ったからでした。福音派は政教分離の原則を守り抜こうとして、政治や社会問題に積極的に関与しようとはしませんでした。キリスト教会は、「ＷＣＣ派」（世界教会協議会派）と「福音派」にはっきり割れるようになりました。日本でも「日本福音同盟」が一九六八年に結成されました。その後、福音派の教会も社会問題に少しずつ関与し始めましたが、今でも伝統的な教派の方が社会・政治問題に積極的で、福音派の方がそれほど積極的ではありません。

第2部

激変した世界のキリスト教会

第9章

ラテン・アメリカの福音派

南アメリカ大陸のキリスト教会の概況

日本人にとって、ラテン・アメリカ（中南米）といえば情熱的なダンスとカトリック教会を思い浮かべます。現在の「中南米の教会の概況」は、一言で言ってカトリック教会の退潮です。それにとって代わるように、ペンテコステ・カリスマ派教会が著しい増加を示しています。その詳しい様子を見てみましょう。

スペイン語を話す中南米

筆者の友人にボリビア人がいます。マヤ文明の解説映像に出てくるような、典型的な南米の古くからのインディオ（先住民）の顔と容姿をしています。ご夫人はほりの深い典型的なスペイン人の顔と容姿をしています。最初に出会ったときに、「えっ、この二人が夫婦なの？」と感じました。一人お子さんがいたのですが、両親似のよいところを総取りしたようなかわいい子でした。

その彼と一緒にメキシコに旅行したことがあります。助かったことは、車が故障した時でした。彼はスペイン語で自由にメキシコ人と交渉ができました。南米はブラジルを除いてスペイン語の国々なのです。一五世紀の終わりに教皇の斡旋でスペイン王とポルトガル王が支配地を分割しました。伝道もそれぞれの言語でなされました。

ブラジルはポルトガルの支配区域に入り、ポルトガル語を話します。その他の中南米諸国はスペインの支配区域に入り、スペイン語を話します。それでメキシコでは、スペイン語を話します。スペイン人やポルトガル人が土着の言語を学んだのではなく、土着の人々にスペイン語やポルトガル語を話させました。私の耳にはスペイン語もポルトガル語も同じに聞こえてくるのですが、住んでいる人々にとっては、似ていても別の言語だそうです。各国で現地語も公用語になっていますが、スペイン語かあるいはポルトガル語が多くの人々によって使われています。スペイン語もポルトガル語もラテン語系ですので、中南米のことを「ラテン・アメリカ」と呼ぶ人々が多いわけです。日本語では「中南米」という便利な呼び方があります。

中南米がスペインとポルトガルの植民地になったため、多くのラテン系のヨーロッパ人が移民してきました。それで、現在ではヨーロッパから移民してきた白人が大勢います。そして、インディオと結婚した人々も多く、その混血の人々も多くいます。中南米にはアフリカから来たアフリカ系の人もいます。奴隷としてアフリカから来させられた人々の子孫です。アジア系の人々もいます。このようにいろいろな人種の人々によって成立しているのが南アメリカ大陸にある国々です。

苦難の南アメリカ大陸

スペインとポルトガルが攻めてきて以来、ヨーロッパから持ち込まれた感染症によって、人口動態変化が起こるほど多くのインディオが死亡しました。インディオには免疫がなかったからです。感染症は戦争以上に大きな被害をもたらします。その死者数は、研究者によって異なり、想像を絶するほどで不明です。さらに、一六世紀から三百年間の植民地支配の歴史を学ぶと、だれでもぞっとするほどの恐ろしさにかられます。ようやく一八〇〇年代に、各国がそれぞれ独立しました。

中南米（ラテン・アメリカ）の歴史から生じたのが貧富の格差です。大土地所有者と土地を持たない貧しい人々が出ました。また、農場の労働力としてアフリカから黒人の奴隷が連れてこられました。このような悲惨な状態から脱出するため、共産主義や社会主義革命を求める多くの人々が出てきました。革命家のチェ・ゲバラさんはアルゼンチンの人でしたが、ボリビアやキューバで活動しました。彼がいろいろな国で活動できたのも、スペイン語という共通語、そして同じような歴史を共有していたからでした。

カトリック王国

中南米はスペインとポルトガルの植民地になりましたので、居住者は強制的にカトリック教会の信者になりました。強制的に信者にするということは、現代の日本人にとっては考えられないことですが、それが当時の現実でした。やがて国教になり、中南米は「カトリック王国」になりました。このような伝道方法のゆえに、中南米のカトリック教会は、いろいろな問題をはらむようになりました。それは土着の民間宗教とカトリック信仰の融合したような状態です。聖書の人物名を使った祈祷師が現れたり、偶像のようなものを作ったりする信仰です。

前述しましたが、旧約聖書の「教え」（律法）によれば、その第一の教えが、「聖書の神以外の神を拝んではならない」（「出エジプト記」20：3）というものです。六〇〇個以上もある「教え」の中の第一が、他の神々を拝むなかれというのが聖書の教えです。天地を創造した神は、「主」（ヤハウエ）という名の神なのだから、この名を忘れ去ることだけは避けなければなりません。人類にはこれを未来永劫に伝える義務がありますから、論理的に取り除くことができない「教え」ということになります。もしこれを取り除けば、聖書が成り立たなくなります。

旧約聖書の中に異教徒を「滅ぼし尽くせ」（旧約聖書「ヨシュア記」6：17、8：26など）というむごたらしい記述が出てきますが、言い方を換えれば、たとえその人を地上から抹殺してでも、「主」（ヤハウエ）という神の名の方を遺せと言うわけです。そうでもしない限り、人間はすぐに自分で自分に都合のよい神々を作ってしまい、天地を創造した本当の神、「主」を忘れ去るからです。もちろん、「滅ぼし尽くせ」という教えは、古代社会のことで、文明が進んできた現代社会では、人間を抹殺して良いと考えるキリスト教徒はいません。これは伝統派も福音派も関係なく同じです。

一六世紀のローマ・カトリック教会は、スペインとポルトガルを通して戦闘的な伝道方法を採りましたが、いったん改宗した人々には、厳しい要求をしませんでした。むしろ現地の宗教的な慣習を取り入れました。このような融和策によってできた教会が、中南米のカトリック教会であったと言うことができます。

解放の神学

ヨーロッパ人による植民地化、土地の収奪、奴隷に等しいような厳しい労働などによって、ラテン・アメリカ社会には大きな格差が生まれてきました。カトリック教会の中から、民衆の貧しさからの解放を求める司祭や信者が現れてきました。たとえばペルー出身のドミニコ会のカトリック司祭で神学者のグスタボ・グティエレス・メリノなどによって「解放の神学」が提唱されました。一種のキリスト教社会主義の神学で、民衆のために民衆と共に実践することを強調しました。

現在の中南米諸国の中には、革新的な、社会主義的な政策をとる国々が多くあります。次章のアフリカの教会でも取り上げますが、南アメリカやアジアなどの教会は、発展途上国特有の政治的・経済的な問題と深く関わらざるを得ないわけです。

カトリック教会の後退

中南米で山のような大きな存在であったカトリック教会でしたが、一九世紀後半に、プロテスタントの聖書主義が入り込み、二〇世紀初めにペンテコステ・カリスマ派を含んだ福音派が入り込みました。異言、癒し、悪霊の追い出しなどを伴う「聖霊の賜物の実演」は、多くの人々を引きつけました。

カトリック教会の退潮の例としては、チリでは、神父による児童虐待が大きな社会問題になり、そのことが影響して、カトリックの国と言われていたのに、現在では国民のなんとわずか四七・六%がカトリック教徒になってしまいました。アルゼンチンでは、無宗教に陥る人々が多く現れ、人口比で二一%にまで達し、さらにカリスマ派の信徒が増えた結果、カトリックの信徒が六六%にまで減ってしまいました。

しかし、カトリック教会は現在でも南アメリカの最大の宗教勢力であることに変わりはありません。コロンビアとペルーでは、国民人口におけるカトリック教徒人口は七三%です。パラグアイは八九%、メキシコは八二・七%で、現在でも国民のほとんどがカトリック教徒である国々があります。

プロテスタント伝統派と福音派教会の伝道

キリスト教は伝道的な宗教であることを前に述べました。キリスト教徒は、信じた瞬間から、その信仰を他の人々に伝えようとします。前述したように、それがイエスの命令でした。アメリカは世界で最も多くの宣教師派遣国です（あまり知られていないことですが、第二に多いのが韓国です）。一九世紀後半になって、多くのプロテスタント主流派の宣教師が、欧米より中南米に派遣されました。

中南米は北アメリカのすぐ近くですから、真っ先にアメリカのプロテスタントの宣教師たちが「本当のキリスト教を伝えましょう」と言って伝道に向かったわけです。その当時のプロテスタント教会は、もちろんアメリカの伝統的な教会が中心でした。伝道を始めたプロテスタント教会は、カトリックの国々では、なかなか受け入れられることができませんでした。ところが二〇世紀になり、福音派、特にペンテコステ教会が伝道し始めてから、過去一〇〇年くらいの間に、ペンテコステ・カリスマ派教会が驚くほど増加しました。そこにはいくつかの理由があります。

1　「異言」とか「癒し」などの目に見えるしるしを伴ったこと。

2　ペンテコステ・カリスマ派の教会は、伝統的な教会より伝道の熱意が非常に強いこと。たとえるなら、伝統的な教会は月のような明るさはあるけれど、ペンテコステ・カリスマ派の教会には太陽のように熱い伝道の熱意がありました。

3　中南米には貧しい階層の人々が多く、その階層の人々が非常に強く「救い」を求めていたこと。

筆者はアメリカの大学の神学部で、中南米のプロテスタント教会の伝道について発表する授業がありました。それは一九七一年のことで、まだ福音派教会がそれほど強くなくて、伝統的な教派が主流を占めていた時代でした。筆者の発表は、カトリック王国と言われる中南米で、プロテスタントの伝統派教会による伝道は、困難を極めているという内容でした。ただし、ペンテコステ教会と言われる福音派の教会が最近伸び始めていると発表しました。ちょうどその頃からペンテコステ・カリスマ派の教会が急激に伸び始めたことになります。ですから過去五〇年間くらいで、中南米の教会の様子は劇的な変化を遂げたことになります。

中南米の教会は、その国々によって国情の違いがありますから、いくつかの代表的な国について説明し、参考にしたいと思います。

ブラジル

日本からの移民が多いブラジルに、Ｉさんという筆者の知人がいます。日本に働きに来ているときに知り合いました。この人は移民二世です。親の代から、ブラジルの福音派に属するホーリネス教会の信者です。その教会には二〇一九年の今も日本語部があります。日本語部の礼拝出席者は高齢のゆえにだんだん減ってきましたが、日曜日には三〇人ほどの日系人が通っています。最高齢は九九歳の方で、一人で元気に歩いて礼拝に来るそうです。しかし、日本語部はやがて消滅する時が来ることでしょう。他方、ポルトガル語部の礼拝には二〇〇人以上の日系人が集まっているそうです。

ブラジルの日系人の教会は、長老教会、バプテスト教会、メソジスト教会などの伝統的な教会が数多く存在しています。日系人以外の人々、いわゆる一般のブラジル人においても、伝統的な教会は過去一〇〇年ほど熱心に伝道してきましたが、ゆるやかな増加に過ぎませんでした。ところが、ペンテコステ・カリスマ派の教会が入ってきてから、過去五〇年間くらいで、福音派の信徒が約二〇〇〇万人にもなり、プロテスタントの中で七八％を占めるようになりました。伝統派の信徒が残り七〇〇万人ほどで二二％です。

すなわち、前々からある伝統的な教会の信徒数の方が少なく、遅れて伝道を始めた福音派（ホーリネス系、ペンテコステ・カリスマ系）の信徒が、圧倒的に多くなりました。ブラジルの人口は、中南米で最高の一億七五〇〇万人ですから、人口比一五％余がプロテスタントになったことになります。アッセンブリーズ・オブ・ゴッド教会がもっとも大きな教派で、戦前には一〇万人くらいでしたが、二〇〇〇年には八四二万人に増えました。戦後になってから爆発的に多くなったことが分かります。

ホーリネス教会やペンテコステ・カリスマ派の教会は、偶像に反対し、旧い意識、たとえば長い物には巻かれよというような考え方や、上位の人の意見に従わなければならないという考え方に反対しています。このような教えが、「聖霊の賜物の実演」と一緒になって人々を引き付けています。

二〇〇四年のブラジルの選挙では六〇〇人の国会議員の内六一名の議員が福音派で占められました。これらの議員は中絶反対や性の乱れに反対する保守的な主張をします。このような主張は、ブラジルの福音派にかぎらず、世界全体の福音派の傾向です。アメリカの保守的な福音派の人々が、トランプ氏の個人的な倫理性には目をつぶり、次善の策としてトランプ氏を支持している側面と一致します。

ブラジルでは、「アムバンダ」と呼ばれる「霊能力」運動が盛んです。この運動にはカトリック信仰とアフリカ的な要素が混ざっています。アフリカ的な要素が混ざっているのは、もちろん過去にアフリカから無理やり連れてこられた人々の子孫がいるからです。カトリック教会の指導者たちは、このような運動に反対しています。

メキシコ

メキシコの人口は、日本とほぼ同じくらいで一億三〇〇〇万人です。中南米ではブラジルに次いで人口が多く、経済的にも発達しています。しかし、貧しい人々が多くいます。一九三六年に法律ができて、カトリック以外の宗教も伝道が可能になりました。しかし、今でもカトリック教徒が人口の八二・七％と大多数を占めています。

現在、メキシコには人口の九％にあたるプロテスタント教会の信者がいますが、バプテスト教会、長老教会、メソジスト教会などの伝統的な教派が多く、福音派の教会は、他の中南米諸国に比べるとけっして多いとは言えません。

日本人の国境についての認識とは、ずれがありますが、メキシコ人は平気で国境を越えてアメリカ側に入り就職する人がいます。トランプ大統領が国境の壁を建設すると言って今問題になっています。特に、カリフォルニア州は、国境を接しているので、多くのメキシコから来た人々がいます。一九〇六年の「アズサ通りのリバイバル」に多くのメキシコから来た人々が参加していましたので、ペンテコスタルな信仰は、本国のメキシコよりカリフォルニア州のほうで先ず盛んになりました。

特に有名な伝道者は、フランシスコ・オラザバル牧師（一八八六年―一九三七年）です。メキシコ生まれのメキシコ人ですが、アメリカの神学校で学び、アメリカとメキシコの両国で伝道活動をした人です。最初メソジスト教会の牧師をしていましたが、聖霊体験をしてアッセンブリーズ・オブ・ゴッド教団に転向しました。「メキシコのビリー・サンデー」と呼ばれていました。ビリー・サンデーとは、アメリカで有名な二〇世紀初頭の伝道者の名前です。アメリカでは、聖霊の賜物を授けられた人でも、それだけでは大勢の人を集めることはできません。雄弁家であることが求められます。オラザバル牧師は、聖霊による癒しの賜物を授けられていましたが、同時にすぐれた説教家でもありました。そして、アメリカとメキシコでペンテコステ教会の発展に尽くしました。

アルゼンチン

アルゼンチンは南米大陸の南の方に位置します。人口は四〇〇〇万人で中南米では第四番目に多い国で、白人多数の国家です。理由はヨーロッパのスペイン、ポルトガル、イギリス、ドイツ、フランス、ロシアなどからの移民が非常に多かったからです。もちろん土地の人々もいますし、近隣の国々からの移民もいます。

宗教人口は、建前として九三％の国民がカトリック教徒ということになっていますが、実際は六六％です。二〇一三年にアルゼンチン人のホルヘ・マリオ・ベルゴリオ枢機卿が第二六六代教皇（フランシスコ現教皇、一九三六年生まれ）に選出されました。南米の国からローマ教皇に選ばれたのは、彼が最初でした。

アルゼンチンのプロテスタント教会は、欧米にある伝統的なプロテスタント教会の各派が存在しています。しかし、他国と同様に大きく発展することはありませんでした。様相を一変させたのは、一九八〇年代です。一人のネジ工場の経営者でカルロス・アナコンディアさんという信徒が、カリスマ派の聖霊体験をしました。彼が祈ると病気が癒されたり悪霊が追い出されたりする奇跡が起こり、有名になりました。やがてこの人は、私費で伝道を始め、今では多くの人々の協力を得て、国内だけでなく世界中を駆け巡ってキリスト教の伝道をするようになりました。

日本にも来たことが数回あり、現在も活動しています。筆者もお会いしたことがあります。日比谷公会堂の楽屋でしたが、お会いした瞬間に、彼は筆者に「あなたに会った瞬間、なぜか、

写真3　アルゼンチンのカリスマ派の集会

『イザヤ書』第三五章が浮かびました」と通訳を通して話しかけてくれました。普通のビジネスマンのような人ですが、非常に霊感の鋭い人だと思いました。「イザヤ書」第三五章とは有名な旧約聖書の預言者イザヤが発した明るい預言内容の章です。アナコンディアさんの活躍が火付け役となり、アルゼンチンにカリスマ派の大きなうねりが起きてプロテスタント教徒、特にカリスマ派の信者が増えました。現在では、カリスマ派の信徒が三三〇万人、全人口の八％余りになりました。

アルゼンチンでは一九八二年四月に、フォークランド島の領有権をめぐってイギリスと戦争になり、たちまち敗北しました。これを機会に、国民はもっと信仰的にならなければならないという反省の機運が広がり、アナコンディアさんの伝道を押し上げました。そのために、わずかな年月で三三〇万人もの人々が福音派の中のペンテコステ・カリスマ派の教会に属するようになったと言われます。つまり、カトリックの国と思われていた中南米において、わずかな期間で福音派が急激に増加し続けている一例です（ついでですが、アルゼンチンにはユダヤ教徒約八〇万人、モルモン教徒三三万人、イスラム教徒五〇–八〇万人が存在しています。無宗教の人も約四八〇万人、人口の一二％の割合でいます）（写真3「アルゼンチンのカリスマ派の集会」）。

チリ

チリは南北に細長い国で、人口は一七二七万人ですから、けっして国民人口が多い国ではありません。ヨーロッパからの移民が多く白人多数の国です。プロテスタントの信者だけで見れば、伝統的なプロテスタント教会の信徒が二二％であるのに対し、アッセンブリーズ・オブ・ゴッド教会などのクラシカル・ペンテコステ教会の信徒が五九％と多く、新しいカリスマ派が一九％と少ない点です。つまり、中南米では、国によって福音派の中の信徒数も異なります。

一九四〇年のチリでは、プロテスタントはわずか二％で、九七・四％の国民がカトリック教徒でした。プロテスタントはその後一九八〇年に一九・一％に、二〇一〇年に三一・七％にもなり、カトリック教徒は総人口の四七・六％になってしまいました。さらに、カトリック教会の信徒の四分の一の人々がカリスマ・カトリックだと言われます。過去七〇年間が、いかに激しい変化の時代であったかを物語っています。日本から行くビジネスマンや旅行者は、彼らのこのような日常の宗教生活の現実を見る機会がほとんどありません。

プロテスタントの多くは日曜日の礼拝に参加しますが、カトリック教徒の多くはミサ（パンとぶどう酒を食する礼拝）に参加しないため、社会的な影響力はプロテスタントの方が強いと言われます。ですから、現在では、中南米を「カトリック王国」という表現は当たらなくて、むしろカトリック教会が、力を弱めてしまっている時代というのが現実と言えます。

グアテマラ

グアテマラはメキシコのすぐ南にある小さな国で、人口はわずか一六五八万人です。日本人には、マヤ文明の国として知られています。マヤ系住民が四六％、欧米系混合が三〇％、その他が二四％の住民で、典型的な中南米の国です。不幸なことに、一九六〇年より一九九六年まで三六年間、政治的な混乱で内戦が続きました。現在も治安が乱れています。

特に、グアテマラでは、一九世紀後半に反カトリック運動が起きて、聖職者権威主義への反対運動が起こり、カトリック教会の利益が奪い取られ、土地が没収され、聖職者の服の着用が禁止されました。グアテマラのカトリック教会は、この激しい波に押され、もはや立ち直ることができないのではないかとさえ言われます。今ではプロテスタント各派やペンテコステ・カリスマ派の教会も認められていますが、詳しい宗教人口は分かりません。

その他の国々

その他の中南米の福音派の全人口に占める比は、コロンビアが一〇％、ペルーが一五％、プエルトリコが二五％、キューバが六％などです。伝統的なプロテスタント教派は、中南米の全プロテスタントの四分の一に過ぎません。すなわち、全プロテスタントの四分の三が福音派の信徒ということです。これらが全て第二次世界大戦後に起こりました。アメリカと同じように、中南米でも福音派の教会が主流の座を占め、伝統的なプロテスタント教会が、相対的に力を弱めるに至りました。

ラテン・アメリカ教会のまとめ

中南米（ラテン・アメリカ）の福音派、特にその中のペンテコステ・カリスマ派教会は、第二次世界大戦直後までは、ほとんど無視されるような存在に過ぎませんでした。そのような中で、社会が激変しました。人口急増、工業都市出現、交通革命、ＴＶ革命、教育システムの変化、農業革命と農民人口移動、家父長的人間関係の崩壊、そして最近のＩＴ革命などによる激変です。さらに言えば、女性の地位向上、文字の読める人々の増加などで、中南米の諸国は、突然、カトリック王国といわれた時代から、宗教的不安定な時代に突き落とされたと言えます。その受け皿になったのは、福音派、特にペンテコステ・カリスマ派教会の働きでした。

はじめ中南米のペンテコステ革命は、欧米の教会から見た場合、プロテスタント教会内部の変化の一つにしか見られませんでした。しかし、一九九〇年代に、学者デイヴィッド・ストール（David Stoll）、デイヴィッド・マーティン（David Martin）、ハーヴェイ・コックス（Harvey Cox）などによって、福音派の急増はラテン・アメリカ独自の要素が非常に強いものだと言われ始めました。さらに、ヨーロッパやアメリカのペンテコステ教会についての研究が進み、その結果の一つとしてラテン・アメリカでは、ペンテコステ・カリスマ派教会が、教会だけでなく社会全体を変えているのだと言われるようになりました。

今では、ペンテコステ・カリスマ派の「聖霊体験的神学」と「礼拝のスタイル」などが、伝統的プロテスタント教会とカトリック教会の両方に多大な影響を及ぼしていることがはっきりしてきました。伝統的なプロテスタント教会もカトリック教会も、ペンテコステ・カリスマ派教会の神学や礼拝スタイルなどを取り入れざるを得なくなってきています。

ラテン・アメリカでは、日本と違いテレビのチャンネル数が多く、宗教番組が多く放映されています。現代的な音楽を含んだ礼拝の生中継や牧師の説教番組です。画面の中で癒しの実演をすることもあります。その番組がカトリックのものかプロテスタントのものか、番組を見ている限りにおいては、見極めが難しいと言われます。それほどにカリスマ・カトリック教徒が増えているということです。さらに、カトリック教会がプロテスタントの神学を多く取り入れ、「ただ信仰によってのみ」や「信徒の祭司性」を認めています。中南米の教会は、今、大きく移り変わろうとしています。

第10章 アフリカの福音派

アフリカ大陸のキリスト教会の概況

ほとんどの日本人にとってアフリカは遠い国であり、特にその宗教的な概況に興味がないかもしれません。もしアフリカ人が自然崇拝的なアニミズムのような信仰を持っているに違いないと思っているなら、それは全く時代錯誤的な思い込みに過ぎません。

アフリカ大陸は、北部にイスラム教徒が多く、中南部にキリスト教徒が多くいます。アフリカ大陸のほとんどすべての人々が、いずれかの信者です。つまり、アフリカ大陸の人口の約半数がキリスト教徒で約半数がイスラム教徒です。アフリカ大陸は一神教の国々です。アニミズムの人々はほんのわずかです。アフリカ大陸の人口は、一九七〇年に三億五六〇〇万人でしたが二〇一七年には一二億五六二七万になりました。

北部にイスラム教徒が多いのは、七世紀以来イスラム帝国によって征服されたからです。中南部にキリスト教徒が多いのは、過去一〇〇年余の間に起こったことです。それまではアニミズム的な民間信仰の強い中南部だったのです。つまり、アフリカは過去一〇〇年余の間に、突然の変化が起こりました。何があったのでしょうか。

アフリカのキリスト教会の特徴は、土着のキリスト教が興ってきたことです。ただし、「土着」というと、日本では何かわけのわからないキリスト教と民間信仰が混ざったもののように誤解されてしまいます。アフリカの土着教会は、アメリカの「アズサ通りの出来事」やヨーロッパのペンテコステ運動の影響を受けた教会です。最初は外国の教会の影響を受けても、外国の伝道団体に加盟しないで、独立した、いわば民族派のカリスマ教会になりました。これが「土着の教会」です。筆者はこれを「アフリカ発の教会」と呼びます。

他方、外国の伝道団体と協力しているペンテコステ・カリスマ派の教会も、厳然として存在しています。しかし、それらと一緒にされることを拒絶するペンテコステ・カリスマ派の教会が「アフリカ土着の教会」（アフリカ発の教会）です。理由はアフリカ大陸の歴史にあります。後述するように「奴隷貿易」と「植民地化」という歴史です。

統計がはっきりしていない

ある人は全アフリカ人口の三六%が「アフリカ発の教会」の信徒だといいます。ある統計によるとキリスト教徒の内四九%がカトリック教徒だといいます。矛盾します。ようするに、正確な統計はまだ出ていないということです。

エジプトとエチオピア

先に、イスラム教国に囲まれたアフリカ北部の二つの国の教会について説明します。新約聖書の「使徒言行録」第八章に伝道者フィリポという人が出てきます。彼は一人のエチオピア人に伝道し洗礼を授けたということが書いてあります。キリスト教は初期からアフリカ大陸に伝えられています。アフリカ大陸の北部に位置するエジプトには、全人口八〇〇〇万人のうちコプト・オリエンタル正教会（通称コプト教会）に所属する信徒が九%から一〇%います。「コプト」とはギリシャ語で古代の「エジプト人」を表す古語です。近年になって入ってきた福音派のキリスト教徒は、エジプトに約一〇万人います。

エチオピアにはエチオピア・オリエンタル正教会があり、全人口一億二〇〇〇万人の六二・八%にものぼる信徒がいます。両者ともに礼拝様式が似た教会です。二つの国は七世紀のイスラムの攻撃にもかかわらず、キリスト教の信仰に踏みとどまることができたということです。エチオピアには、ペンテコステ・カリスマ派のクリスチャンが、二〇〇〇万人ほどいます。

オリエンタル正教会

カトリック教会には、「ローマ・カトリック教会」以外にも「カトリック教会」があると前述しましたが、正教会（オーソドックス教会）にも別系統の正教会があります。その名前だけを前述しましたが、それが「オリエンタル正教会」で、中近東に多く存在します（ようするに、正教会には、筆者が言うところのただの「正教会」「「ギリシャ正教会」あるいは「東方正教会」」と「オリエンタル正教会」の二種類があるということです）。中近東を旅行すると「コプト・カトリック教会」と呼ぶ教会もあり、混乱してしまいます（つまり、カトリック系にもいろいろあるということです）。

イスラム教国には信教の自由がない

国によって違いがありますが、イスラム教徒の多い国では、イスラム教を捨てるということはイスラム法によって死刑になる可能性があります。世界の人権団体は、このようなイスラム法に反対しています。キリスト教の伝道は禁止されています。

なぜそれほどキリスト教を警戒するのでしょうか。それは政府やイスラム教の指導者が国民の「欧米化」を恐れているからです。欧米の贅沢な生活や悪いモラルが入ってくることを警戒しています。もう一つの理由は、かつて西洋諸国によってアフリカが植民地にされていたからです。そのような歴史を繰り返さないために、欧米を警戒し、その一つとしてキリスト教の布教を警戒します。日本人には、その警戒心の強さを理解しにくいのですが、イスラム教国は、長い歴史の中で、欧米に対する非常に厳しい敵対心が生まれました。アメリカの「二〇〇一年の九・一一貿易センター・ビル事件」や現在のイスラム過激派事件には、このような背景があります。

このような困難な事情の中でも、キリスト教はイスラム教徒に伝道しています。伝道しようとする人々は、おもにペンテコステ・カリスマ派の宣教師たちが中心です。なぜならば、伝統的な教会に比べ、福音派の人々の伝道意欲は非常に強いからです。それは「伝道せよ」というキリストの命令だけではなく、本人の非常に強い信仰心あるいは善意から出ています。

イスラム教は旧・新約聖書を教典としてもっていますが、その解釈が異なっています。たとえば、人が生まれつき罪をもっているというキリスト教教義を信じていません。また、イエスの神性を信じていません。したがって、イエスの十字架上の血によるあがないを信じていません。「血によるあがない」というのは、イエスが神の子であったから成立することなのです。イエスが普通の人なら「あがなう力」などはないでしょう。イスラム教とキリスト教には、このような違いがありますが、将来、イスラム教国が排他的ではなく融和的になることを期待したいと思います（図6「キリスト教徒の分布」）。

暗い歴史をもつアフリカ

アフリカ大陸も前述の中南米と同じように、身の毛もよだつような恐ろしい歴史を経験しています。それは奴隷売買、植民地化という非常に大きな暗黒時代のことです。日本国民は植民地にさせられたという経験はありませんが、日本人が朝鮮半島を三五年間も植民地にしたことを忘れてはならないと思います。加害者は忘れても、被害者は覚えています。

図６　キリスト教徒の分布

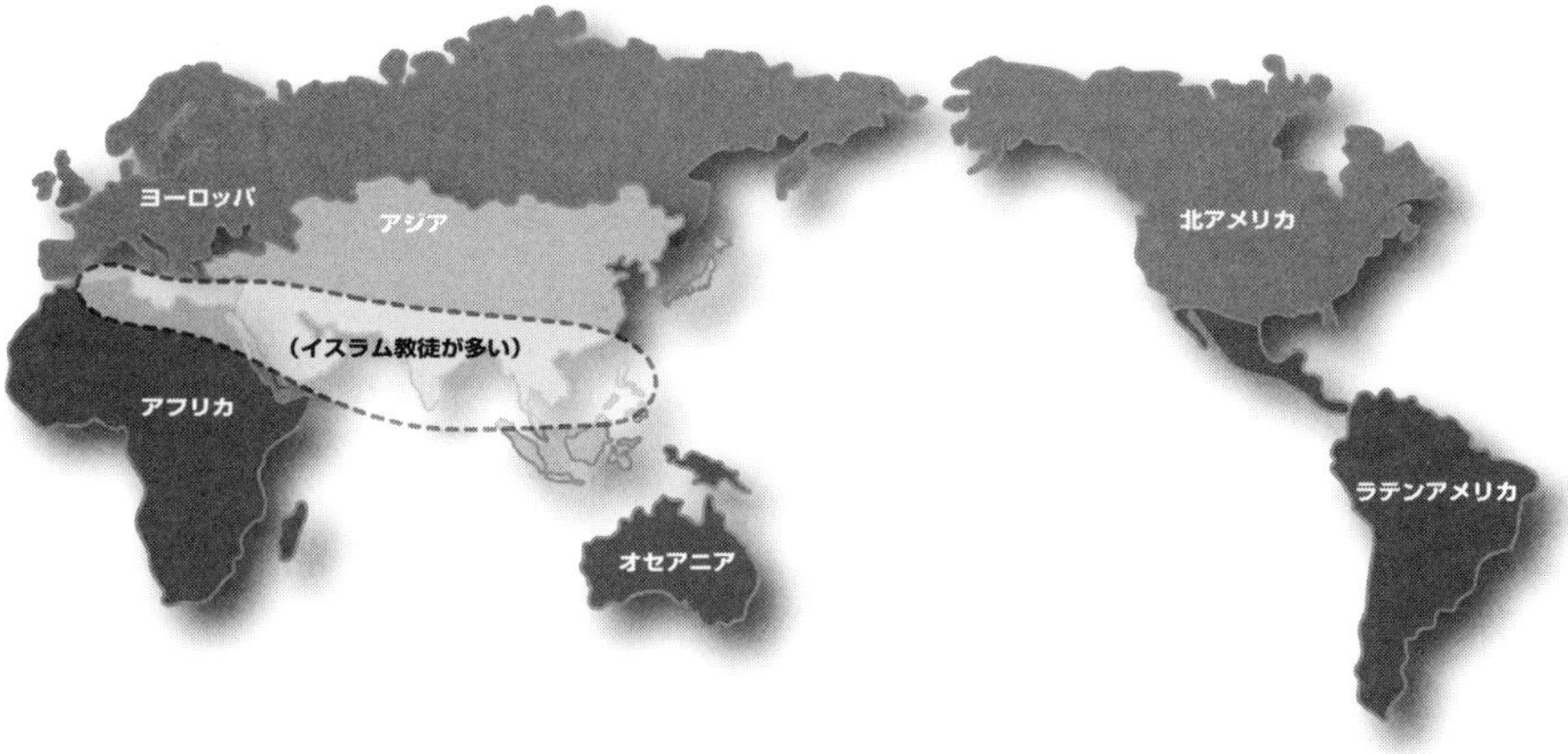

（国連人口局公開のWorld Population Prospectsを基にhttps://graphic-data.com/より）

地域	現在のクリスチャン人口	特徴
ラテン・アメリカ	6億0100万人（92%）	カトリックが多いが、減少している。福音派が増えている。
アフリカ	6億3100万人（45%）	アフリカ南部でアフリカ発の福音派（カリスマ派）が爆発的に増えている。
北アメリカ	2億7700万人（76%）	プロテスタント福音派が多くなった。プロテスタント伝統派が減少している。
アジア	3億8800万人（ 9%）	東南アジアではキリスト教徒が非常に少ない。（9%）　ロシアでは「ロシア正教」が多い。
ヨーロッパ	5億7100万人（77%）	第二次大戦後、不信仰の闇の中に陥っているチェコ、オランダ、スペイン、イギリス、ベルギー、フランス、ハンガリーの29才以下の青年の半数以上が教会に行ったことがない。
オセアニア	2900万人（71%）	プロテスタント伝統派が多い。

（クリスチャン人口は"Christian Today"誌、2018年米ゴードン・コンウェル神学校の「世界キリスト教研究センター」より）

ポルトガル、スペイン、オランダ、イギリス、フランスの五か国が、一六世紀から一九世紀まで四〇〇年間、アフリカの部族間の争いを利用してアフリカ人自身の手で「奴隷狩り」を行わせ、ヨーロッパ人が船を利用して合計一〇〇〇万人以上のアフリカ人を奴隷として、ヨーロッパ、南北アメリカに、まるで物のように輸出しました。このような深い闇の歴史の中で、後に説明する「アフリカ発の教会」が生まれてくることになります。

植民地時代のキリスト教

ヨーロッパ各国による植民地獲得政策は、一八八〇年代に始まりました。その結果、ヨーロッパ各国のキリスト教会が一斉にアフリカ伝道を始めました。その結果、現在でもアフリカ中南部の各国にカトリック教会と伝統的なプロテスタント教会の各教派があります。キリスト教の伝道が、わずか一四〇年前に始まったばかりだということを記憶しておいてください。宗主国の宗教の影響が強く、全般的にカトリック教会が多くあります。南アフリカ、ナイジェリア、ケニア、ガーナでは、聖公会が多くあります。いろいろな伝統的なプロテスタント教派の教会も存在します。伝道は地道なゆっくりしたペースで進んでいました。まだペンテコステ教会が出てくる前でした。

植民地時代のキリスト教の布教は、けっして成果の上がるものではありませんでした。植民地から資源を得ること、また製品を植民地の人々に売ることによって、ヨーロッパ諸国は利益を得ていました。キリスト教会は布教という純粋な目的で伝道を始めましたが、現地の人々にとっては、搾取する人々の仲間の国の伝道活動と見られました。しかし、植民地であろうがなかろうが、宣教師たちは「伝道せよ」というキリストの命令に応えようとする信仰の熱意によって伝道していましたから、まじめで私利私欲がありませんでした。

また、学校を建て、医療活動などの愛の実践活動によって、キリスト教そのものへの良い評価を得ることができました。ノーベル平和賞を受賞したアルベルト・シュヴァイツァー博士（ドイツ人、ルーテル教会牧師、医師）が医療宣教師としてアフリカ西部のフランスの植民地（現在のガボン共和国）に赴いたのは一九一三年でした。

伝統的な諸教会は、良い働きを評価されて、少しずつ信者を獲得しました。ヨーロッパ的な堅固な大聖堂や教会堂をまず建てて伝道しました。すなわち、「信じる者はここに来なさい」という従来の伝道のタイプでした。伝統的な教会の伝道は、一定の成果をあげていましたが、けっして大きくはなりませんでした。では、なぜ一四〇〇年間という短い期間で、中南部がキリスト教国になっていったのでしょうか。

アフリカのペンテコステ教会

伝統的な教会の後を追うように、米国の「アズサ通りのリバイバル」の影響を受けた宣教師が、一九〇八年に伝道を始めました。聖書の教えをそのまま伝えようとする彼らの影響は非常に大きかったようです。「霊的なキリスト教」がアフリカの土壌と合致しました。「アッセンブリーズ・オブ・ゴッド教会」、「神の教会（クリーブランド系）」などが、アフリカで急速に大きくなりました。

コンゴ川支流沿いの各地を巡回して伝道するグループも現れました。まず、建物を建てて伝道するのではなく、各家庭の戸別訪問、広場で集会を開き、説教をし、大きなテント集会の中での癒しの実演、バスを用いた送迎サービスなどの伝道方法を採りました。はじめは宣教師たちの活動でしたが、やがて現地の牧師たちが育ち始めました。たとえば、南アフリカのズールー族の人で人種差別反対の活動家ニコラス・ベング牧師（一九〇九年–一九八五年）は、ルーテル教会からアッセンブリーズ・オブ・ゴッド教会に転向した人で、大衆説教家として活躍しました。

アフリカ発の教会（African Initiated Churches）

アフリカには、カトリック教会もプロテスタントの伝統的な諸教会もありますが、少し遅れて伝道を開始したペンテコステ・カリスマ派の教会が伸びました。しかし、アフリカ人は植民地にさせられていましたから、西洋の国々に対する民族的な反感を強く持っていました。そのような背景を持ちながら、ペンテコステ・カリスマ派の中で強力な現地の指導者が現れ、民族主義的なペンテコステ・カリスマ派の教会を創設しました。これが「アフリカ発の教会」（African Initiated Churches）です。

「アフリカ発の教会」は、全アフリカにありますが、文書によって知ることができるのは、西アフリカと南アフリカが主ですから、資料に偏りがあるかもしれません。「アフリカ発の教会」は次の四つに分類されます。

1　エチオピア・タイプの教会

これはエチオピア・オリエンタル正教会とはまったく関係のない教会です。一種のプロテスタント教会です。黒人中心の教会を指向しました。

２　ツァイオニスト教会（シオニスト教会）

ツァイオン（シオン）という名は、エルサレムのことではなくアメリカのイリノイ州の都市名から来ています。そこのペンテコステ教会の伝道から始まり、アフリカにいろいろなツァイオン教会を名乗る教会ができました。

３　メシアニック教会

強力な指導者が現れ、その人がメシアニックな人（イエスのような人）であるためにこの名が付きました。コンゴ民主共和国の「キムバング教会」がよく知られています。

４　アラドゥラ・ペンテコステ教会

「アラドゥラ」（祈る人々の教会）というのは、ある一つの教会の名ではなく、全体を指す名前です。「キリスト使徒教会」とか「ケルビムとセラフィム教会」などが含まれます。ナイジェリア発の教会ですが、各地に拡散しました。

「〇〇使徒教会」という名前の「使徒」という言葉は、「この教会は伝統的なプロテスタント教会ではなく、聖書の使徒たちの信仰、すなわち異言や癒しや預言などを行う霊的な教会ですよ」という意味が込められた言葉です。

「アフリカ発の教会」の誕生は、一八八〇年頃から始まった植民地支配と同時です。アフリカのことわざに「受ける手は、与える手の支配下にある」という言葉があります。すなわち反植民地感情が当初からありました。ヨーロッパの宣教師たちは、アフリカ文化を見下していました。そして、アフリカ人の持つ霊的な特性を十分に理解していませんでした。キリスト教の信仰を持ったアフリカ人は、ヨーロッパ人の宣教師たちから独立しようとする傾向が初めから強くありました。

「アフリカ発の教会」の指導者たちは、ペンテコステ・カリスマ派から聖霊の洗礼と異言と預言、癒しと悪霊の追い出しなどの信仰を受け継ぎました。ですから、アフリカ発の教会は、ペンテコステ・カリスマ派の教会がほとんどです。しかし、アフリカ人は、聖霊に関して、宣教師たちよりも、より深く鋭い理解をしていました。たとえば、聖書の人間理解は、人間を単なる知的・動物的・感情的な生きものとして見るのではなく、霊的な生きものという面を含んで全体的にとらえています。

たとえば、人間の霊はその人の体の一部に存在しているのではなく全体に存在していますが、アフリカ人の場合、それは自明のことでした。また、霊はこの世界のどこにでも存在し、力があり、人知を超えた働きをします。それも自明のこととして、キリスト教が入ってくる前から分かっていました。聖霊が悪霊を滅ぼす力を持っていることをすぐに理解できました。聖霊による癒しや悪霊の追い出しは、宣教師以上に現実的に理解できたのかもしれません。

現実の生活の中で、子を授かることや、災害から守られること、商売で儲かることや農作物が豊かに与えられることなどが、聖霊の働きであることをすぐに分かりました。「アフリカ発の教会」は、そのようなアフリカ人の持っている実生活の利益と聖霊の働きとを当然のこととして結びつけました。

さらに、アフリカ発の教会の人々は、何千年も積み重ねてきた彼らの文化を大切にしました。西洋的な礼拝文化ではなく、アフリカのクリスチャンは、アフリカ的な踊りをし、歌い、手をたたき、喜びで満たされて飛び回り、異言で話し、感情を表しながらイエス・キリストの福音を受け入れ喜びました。感情を表出してもよいのだという礼拝が、アフリカ人にとっては心地よい礼拝でした。

また、アフリカ発の教会では、収入の一〇分の一の献金が奨励され、テレビを用いた伝道がなされました。車の後部やバンパーなどに「永遠の実行者」とか「我は勝利者」「私は失敗を知らない」「主の祝福とは富である」などというステッカーを宣伝のために貼ったりしています。このような一見派手な言葉は、上昇志向の人や貧困者への励ましの言葉になっています。教会の牧師たちは経済的に豊かになり、それが良いことで、神の祝福やアフリカ的な楽観論と結びついて受け取られています。

また、断食や癒しの祈りをしばしば行うことは、現地の人々にとって、気軽に、気持ちよく参加できる礼拝（集会）と言えます。欧米人や日本人には特別に見えることが、アフリカ人には日常的なことであるのかもしれません。その聖書解釈、ユニークな礼拝スタイル、カリスマ的な熱烈さは、今後の世界の教会に影響を与えるのではないでしょうか。また、このような実生活上の利益（祝福）がイスラム教に対抗する力を生み出しています。

「アフリカ発の教会」は、アフリカ大陸全体では、教派・グループだけで一万くらいあるだろうと言われています。この教会を「アフリカ土着の教会」、「アフリカ独立教会」、「ネオ・カリスマ派教会」などと呼びますが、筆者は「アフリカ発の教会」と呼びます。

現代のアメリカや日本の「福音派」という言葉は、ヨーロッパとアメリカの歴史の中から出てきた言葉です。しかし、「異言」や「癒し」や「預言」を伴った福音派教会は、アメリカだけではなく、アフリカ、中南米、アジアなどの各国それぞれの事情の中で、それぞれの形を取って急増しています。

筆者はどの教会が在来の欧米的なペンテコステ・カリスマ派教会で、どの教会が「アフリカ発の教会」であるかの見極め方と統計表を持ち合わせていません。ただ、「アフリカ発の教会」

が未曽有の発展を遂げ続けていることは確かです。アフリカ的であることとキリスト教的であることとが一致したのが「アフリカ発の教会」です。このような教会は本当の教会ではないように受け止められる向きがありますが、それは大きな誤解です。西洋の教会こそが、本物の教会であると思い込んでいるところに根本的な間違いがあるのかもしれません。

今や全アフリカ人口の四五％の人々が、キリスト教徒で占められました。しかも、それが二〇世紀になってからのことです。歴史を見れば、「アフリカ発の教会」の隆盛は、それまでの伝統的な教会の地道な努力や奉仕活動によって、キリスト教がよい評価を得ていたという基盤の上にあることを忘れてはならないと思います。

「福音派」という言葉は、日本人にとっては、トランプ大統領の出現によって知られるようになりましたが、キリスト教の長い歴史の中では、二〇世紀と二一世紀のキリスト教会の大きなムーブメントの中から生まれてきている言葉ということになります。アフリカ大陸にあるいくつかの国の教会の様子を見てみましょう。

ナイジェリア

ナイジェリアは、人口が一億九〇〇〇万人（面積は日本の二・五倍）でアフリカ大陸では最大です。一九世紀末からイギリスの植民地でしたから英語が公用語で、学校教育用語になっています。五〇〇以上もの文化の異なる部族からなっています。ナイジェリアの海岸は、悪名高い「奴隷海岸」と呼ばれました。一九六〇年に独立、ようやく一九九九年に憲法ができて安定してきました。南アフリカ共和国と並んで経済的な大国で「アフリカの巨人」と呼ばれています。

ナイジェリアの北部はイスラム教徒がほとんどの地域です。サハラ砂漠以南のナイジェリアはキリスト教徒の区域です。しかし、南部にはイスラム教徒も散在しています。国内のイスラム教徒とキリスト教徒数は、ほぼ同じくらいの人数です。二〇一〇年に開かれた「ピュー・フォーラム」では、イスラム教徒が四八・八%。キリスト教徒が四九・三%で、残りが他の宗教と報告されました。ピュー・リサーチ・センターの二〇一四年の発表によれば、キリスト教徒の中でプロテスタントが全人口の三七・七%、カトリックが一二・六%だと報告されています。プロテスタントの伝統派の中では、聖公会、バプテスト教会などがあり、福音派ではアッセンブリーズ・オブ・ゴッド教会などがあります。

ナイジェリアのプロテスタント教会の中で最も多いのは、前述のようないろいろな「アフリカ発の教会」です。その中で「キリスト使徒教会」が有名です。この教会を通称「アラドゥラ教会（祈る人々の教会）」といいますが、聖公会（イギリス国教会）で信仰を持った現地の人が聖霊体験をして立ち上げた教会です。偶像信仰や一夫多妻制度、魔術などに強く反対し、多産、癒し、物質的な繁栄を求める力強い説教がなされます。「ケルビムとセラフィム教会」も「アラドゥラ教会」の一つで有名です。ケルビムとセラフィムというのは、旧約聖書に出てくる天使のことですから、天（神）からの啓示を大切にしている教会であることを表しています。

この通称「アラドゥラ教会」（祈る人々の教会）は一九七五年に世界キリスト教協議会（WCC、エキュメニカルな世界組織）に加盟しました。この加盟によって、「アラドゥラ教会」の側ではなく、参加された世界キリスト教協議会の方が、自分たちがいかにエキュメニカル（世界教会一致的）な団体で、いろいろなタイプの教会が参加しているかを認められたのだと言って励まされたといいます。ナイジェリアでは、上述のようにプロテスタントが全人口の三七・七％を占めていますが、それは一九六〇年以降、このような新しい「アフリカ発の教会」が急伸したために増えました。

南アフリカ共和国

南アフリカ共和国は、人口が五四九五万人で、英語を中心に一一もの公用語があり、言語教育が大きな課題です。ナイジェリアに次ぎアフリカ第二の経済大国です。アパルトヘイト（人種隔離政策）が撤廃されたのは、一九九四年ですからつい最近のことです。アフリカ現地人（黒人）が七九・三％、白人が九・一％、混血が九％の国です。

プロテスタントが七二・六％、カトリック教徒が七・一％、イスラム教徒が一・五％です。伝統的なプロテスタントのメソジスト教会の信徒が六・八％、オランダ改革派が六・七％、聖公会が三・八％などです。しかし、このような伝統的な教会に連なる信徒は、合計してもプロテスタントの四分の一ほどにすぎません。四分の三のプロテスタントは、現地発の教会とペンテコステ派・カリスマ派を合わせたクリスチャンになります。

ペンテコステ派教会は、他国と同様に、南アフリカでは、二〇世紀に入り、アッセンブリーズ・オブ・ゴッド教会などの宣教師によって始められました。しかし、そこから分離・分裂して多くの「アフリカ発の教会」が生まれました。それらの教会はほとんどアフリカ現地人の教会（黒人教会）で、現在も非常な勢いで増加しています。

たとえば、「ツァイオン（シオン）・クリスチャン教会」は、エンゲナス・レクガンヤネ牧師（一八八五年―一九四八年）が、一九二四年に始めた「アフリカ発の教会」で、彼が生きていたころには五万名の信徒がいました。現在では、アフリカ大陸の南部一帯に八〇〇万人から一〇〇〇万人の信徒をかかえる最大の教派になっていると言われています。この教派は通称「ボイネ教会」と呼ばれ、そのルーツをさぐると、レクガンヤネ牧師は聖公会や長老教会で育ち、ペンテコステ教会の影響を受けて聖霊体験をし、病気の癒しによって多くの人々を集めるようになりました。この派は今ではいくつもの派に分かれています。特徴は、信徒が皆白い衣装とバッジを身に付けていることや豚肉を食さないことなどです。これに似たような教派が他にもたくさんあるということです。

コンゴ民主共和国

コンゴ民主共和国は宗主国がベルギーで、一九六〇年に独立しました。人口は八一三四万人で公用語はフランス語です。国民の八〇%がキリスト教徒です。その内訳は、カトリック教徒が五〇%で、プロテスタントが三〇%です。イスラム教徒とアニミズムがそれぞれ一〇%ずつです。

プロテスタント教会の中で「キムバング教会」が、信徒五五〇万人をもつ最大の教派です。創始者のサイモン・キムバングさんは、バプテスト教会の信徒でしたが、聖霊体験をして、癒しと聖書講義をする人になりました。当然この教会は、「アフリカ発の教会」です。彼はその民族主義のゆえに宗主国ベルギー当局に捕まり、二〇年間獄にいて一九五一年に獄死していま す。彼の投獄中に爆発的に信徒が多くなりました。彼の死後、「キムバング教会」はベルギー政府当局より公認されました。この教会はイギリスの清教徒のように非常に厳しい道徳的な生活を信徒に求めます。礼拝形式はバプテスト教会の礼拝ですが、統治形態は創始者の子と孫に受け継がれた監督制です。

このように「アフリカ発の教会」は、アフリカの中から自然発生的に生まれてきたのではなく、欧米の伝統的な教会とペンテコステ教会の働きという前史があり、その上に立ってアフリカ人で聖霊体験をした人が創始した教会ということになります。

タンザニアの教会

タンザニアは人口五七〇〇万人の貧しい国ですが、最近外国の支援などで急速に発展している国です。人口の六一・四%がキリスト教徒で、三五・二%がイスラム教徒です。キリスト教徒の中では、五一%がカトリック教徒で、四四%がプロテスタントです。プロテスタント教会には、ルター派（一三%）、聖公会（一〇%）、ペンテコステ・カリスマ派教会（一〇%）、アフリカ発の教会（五%）など、いろいろな教派があります。ある研究によれば、二〇一五年の一年間にイスラム教徒からキリスト教・プロテスタントに改宗した人数は、一八万人でした（図7「タンザニアのカリスマ系の集会」画・井上達夫）。

先日、筆者はタンザニア連合共和国の教会に短期協力伝道に行った日本人の牧師に会うことができました。その牧師と一行は飛行機でアフリカ大陸の中央部で東の方にあるタンザニア共和国のダルエス・サラームに到着しました。

訪問した日本人の牧師一行は、現地のグワジマ牧師の教会を訪問し、その活動に協力しました。その教会はカリスマ派の教会でした。教会と言っても、屋根と床があるだけで、前は広場です。牧師さんは屋根のあるステージで説教し、会衆は広場にプラスチック製の簡単な椅子を並べて礼拝に参加します。講壇は結構広くて、来賓の牧師さんたちも座れます。広場には一〇〇〇人も二〇〇〇〇人も集まります。

説教はどのような内容の説教でしょうか。タンザニア国内には、いろいろな問題がありますが、その問題を取り上げ、その根本的な原因は悪霊の働きであると説明します。

説教が終わると、祈りと励ましが続きます。福音書でイエスがしているように「悪霊よ、出て行け」と宣言し、「イエスの力を受けて戦え」と言い、「もう悪霊に負けることはないので、あなたは大丈夫だ」と励まします。「これからはイエスとともに生きよ」と再び励まします。

会衆が多いので、一人一人の頭の上に手を置いて祈ることはできませんが、全会衆に向かって「病気よ、出て行け、足の痛い人はよくなれ、目の悪い人は見えるようになれ」と祈ります。グワジマ牧師は祈りによって悪霊を追い出し、病人の顔色が変わりました。新約聖書の中には、

図7　タンザニアのカリスマ系の集会（画・井上達夫）

イエスが精神的な病気のために墓場で鎖につながれていた人を癒した話が出てきますが、まったく同じことが目の前で起こりました。

グワジマ牧師は、青年たちを三年とか五年とか訓練し、牧師にして、各地に派遣して伝道を拡大しています。それでも「収穫は多いが、働き手が少ない」（新約聖書「マタイ」9：37のイエスの言葉。「神のことを聞きたい人々は多いが、伝える人は少ない」の意）という状況だそうです。どんどん信者が増えているといいます。カリスマ派の教会は、伝統的な教会に比べると礼拝の順序・讃美歌・雰囲気がまるで違います。

アフリカの教会は、土着の変な習慣が入り込んだ「わけのわからない教会」と多くの人から誤解されています。それは偏見です。聖書の中に出てくる話ですが、変な男が、イエスの名によって病気を追い出していたので、イエスの弟子が「やめさせましょう」と言ったら、イエスは、「やめさせてはならない。私の名を使って奇跡を行い、そのすぐ後で、私の悪口は言えまい。私たちに逆らわない者は、私たちの味方なのである」（新約聖書「マルコ」9：39–40）と言いました。広い心で他の教派・教会を見るようにしなければならないと思います。

第11章

アジアの福音派

アジアのキリスト教会の概況

アジアの総人口は、全世界の総人口の六一％（ロシアを含む）を占めていますから、地球規模で見る場合、軽視できません。アジアのキリスト教会は、今新しい幕開けの時代を迎えています。伝統的なキリスト教会はその力を失いました。しかし、ここでもペンテコステ・カリスマ派を含む福音派の教会が、それにとって代わり、急速な勢いで伸長しています。アジア諸国自体が大きく変わろうとしていますから、教会も大きく変わろうとしています。アジアの教会の概況を一言で言い表そうとするなら、それは「変化」です。アジアの一角を占めている日本の教会も、新しい変化の波に飲み込まれようとしています。日本の教会については、後の章で取り上げます。

韓国の教会

筆者は韓国教会について二〇〇九年から二年間、五回の訪問とアンケート調査・聞き取り調査をしました。第一回目の訪韓をした時に、韓国の友人の所を訪問すれば、すぐに資料が手に入ると高をくくっていました。朝鮮半島は、三六年も日本に併合され、国がなかったわけですから、その間の資料があるわけもなく、日本国による韓国併合という暗い時代を考慮に入れなかった自分の不明を恥じました。

結局、最終的に、日本の国会図書館で三五年間分の資料を見つけました。しかも、持ち出し禁止、撮影禁止の貴重な資料でした。もし、韓国の研究者が同じものを求めようとするなら、わざわざ日本に来なければならないと思い、本当に申し訳のないことだと思いました。後になって、現代の韓国のキリスト教徒数は、結局、韓国政府発行の資料がもっとも信頼に値するものだと分かりました。

二〇一〇年の韓国の人口は四八五〇万人でした。その時のキリスト教徒は一七三〇万人で、全人口の三五・七％にのぼりました。日本と同じような儒教と仏教の国で、なぜ、戦後、急速

写真4　汝矣島《ヨイド》純福音教会の礼拝。8000席の礼拝堂、日曜日7回の礼拝(2019年)。

にキリスト教徒が増えたかの調査でした。特に、一九七〇年から一九九〇年までの二〇年間は、世界の伝道史上、目を見張るような勢いでキリスト教徒が激増しました。

その時に得た三つの理由は次のようなものでした。

1　キリスト教そのものの魅力（福音）によって信者になる人が多かった。

2　純白な心を持った民族性（忠実、熱心、率直な民族性）。

3　死を経験した民族の歴史（多くの殉教者の証）。(4)

多くの日本人が、朝鮮半島のキリスト教化について、北側のクリスチャンが逃げてきたからとか、苦しい時の神頼みであったとか、いろいろな意見を言いますが、文化人類学ではよく用いられる「ＫＪ法」という質的な研究方法を採用して得た結論が上記の三つの理由でした。

五回訪問した時の筆者の感想は、韓国民の性質（純粋な心）と福音の教えとがよくかみ合っていると思いました。また、日本人の多くは韓国人を正しく理解していないと思いました。韓国民は日本人とまったく異なった国民性を持っています。日本人は日本人の目から外国人を見がちですが、できるかぎりその国の人の立場に立ってその国を見るように心がけなければならないと思いました。

韓国は「大韓イエス教長老教会」が最大の教会です。その中は合同派（反ＷＣＣ派＝反世界キリスト教協議会派、いわゆる福音派）と統合派（ＷＣＣ派、進歩派）とに分かれています（それ以外のグループもあります）。筆者が調査中に学んだことは、日本の伝統的な教会が欧米の進歩的な「聖書神学や教義学」を中心に取り入れたのに対し、朝鮮半島では保守的で熱心な「信仰」を中心に取り入れたと感じました。

また、チョウ・ヨンギという牧師が一代をかけて伝道して作り上げた「汝矣島《ヨイド》純福音教会」は、一個の教会としては七〇万人を擁する世界最大の教会になりました。チョウ牧師はアッセンブリーズ・オブ・ゴッド教団に属していましたからペンテコステ系の人です。現在は引退しておられますが、日本の純福音教会のためにしばしば訪日しています（写真４「汝矣島純福音教会の礼拝、八〇〇〇席の礼拝堂、日曜日七回の礼拝、二〇一九年」)。

フィリピン共和国

総人口一億四〇〇〇万人のフィリピン共和国はアジアでは唯一のキリスト教徒が多数の国です。マレー文化、中国文化、スペイン文化の入り混じったユニークな国です。しかし、アジア的と言うよりむしろラテン・アメリカ的な要素が一番大きいといえます。それはスペインが一八九八年まで三三〇年間近くフィリピンを支配していたからです。したがって、フィリピンにはカトリック教徒が多く、人口の八〇%を占めます。スペインの植民地支配を止めたのはアメリカでした。しかし、第二次世界大戦では四年間も日本の占領が続き、ようやく一九四六年に完全な独立を果たしました。

プロテスタント伝道は、一八九八年のメソジスト教会から始まり、聖公会、長老教会、バプテスト教会、ルーテル教会などの伝統的な教派が次々に入り、引き続いてペンテコステ系の諸教会が入ってきました。人口の約一割がプロテスタント・キリスト教徒で、伝統派と福音派の信徒数はほぼ同じです。

フィリピンには「イグレシア・ニ・クリスト」(キリストの教会)というフィリピン発の教

会があります。これはアフリカ発の教会で説明したような一種の土着のキリスト教会ですから福音派の中に入ります。一九一四年にフェリックス・マナロさんというフィリピン人によって始まりました。フィリピンは外国へ出稼ぎに出る人々が多く、そのためこの教会は現在世界百か国に伝道し、日本にもこの教会があります。この教会は一切の像を作らないために、教会堂に十字架も付いていません。クリスマスや地元の祭りにも参加しません。週に二度の集会（礼拝）をもっています。総信徒数は二〇〇万人を超え、フィリピンの全プロテスタント教会の五分の一を超えています。この教会の教義は、いわゆるワンネスの教会神学です。

「ワンネス」（Oneness　一つ、単一性）とは、「父なる神、イエス・キリスト、聖霊の名によって」（三位一体の神の名によって）洗礼を授けることを止めて、「イエスの名によって」のみ洗礼を授ける教会を指します。人によっては、大きな問題ではないように受け止められるかもしれませんが、ある人々にとっては非常に重要なことなのです。「ワンネス」の教会の信徒数は、少ないことであろうと思うかもしれませんが、これがなんと世界規模で見ると、ペンテコステ系教会の四分の一ほどの人数になるのです[5]。筆者は世界中にあるこの「ワンネス」の教会をもちろん福音派の中に入れます。

フィリピンでは伝統的なプロテスタント教会が多くありますが、「イグレシア・ニ・クリスト」が非常な勢いで増加していますので、結果的に福音派の教会が伝統的な教会を上回っているのが現状です。

中国の教会

中国の人口は、二〇一八年時点で、一三億九〇〇〇万人で世界最多です。中国は一九世紀から二〇世紀にかけて、世界の中でもっとも苦しんだ国でした。苦しみの原因は、日本を含む外国からの侵略でした。偉大な文化を誇る国が、ボロボロになりました。かつては儒教の国でした。宣教師たちによってキリスト教が入り込みました。しかし、キリスト教がこの国を救えませんでした。代わって共産主義が、この国を覆いました。しかし、共産主義も完全には国を救えないでしょう。そんな時、「家の教会」が爆発的に多くなりました。

日本人であれば、「景教」という言葉を歴史の授業で聞いたことがあると思います。歴史上のキリスト教の一派です。イエス・キリストは神であり人であるというのがキリスト教ですが、五世紀のコンスタンチノープル（旧くはビザンチウム、今のトルコのイスタンブール）の司教ネストリウスという人は、イエスを神ではあるが人間であることの方を強く主張しました。このため「異端」のレッテルを貼られ追い出されました。そして、エジプトで客死しました。

キリスト教の歴史を見ると、自分の意見を曲げないで強く主張する人がいます。今の日本では言論の自由が保障され、クビになったら地位保全の裁判にかけて自分を守ることができますが、昔はできませんでした。このような人には、必ず熱烈な賛同者がいます。宗教とは常にそのような一面を持っています。さて、ネストリウスさんの理解に賛同する人々が中国に伝道しました。そのとき中国語で「景教」という名にしました。これは「光輝く教え」の意です。景教はキリスト教と関係のない宗教と勘違いされてしまいますが、れっきとしたキリスト教の一派です。「キリスト教」と言わないで「景教」と言っているだけです。七世紀に中国に入り、隆盛の時代もありましたが、皇帝の政策によって、やがて衰滅してしまいました。

カトリック教会は、一五八二年に、イタリア人のイエズス会士マテオ・リッチによる伝道がなされました。イエズス会は先祖崇拝を厳しく排斥しなかったので、皇帝から伝道を認められましたが、後のフランシスコ会は先祖崇拝を厳しく禁止したため、皇帝から認められず、一七二三年に清朝がキリスト教禁止令を出し、それが一八五八年まで一三五年間も続きました。日本の江戸時代の二六〇年間ほど長くありませんでしたが、中国は日本と似たようなキリスト教禁止という歴史をもっています。

プロテスタント教会は、一九世紀の初めに、イギリス、アメリカ、ドイツの宣教師によって始まりました。一八五三年より伝道を始めたイギリス人で聖公会のハドソン・テーラー（一八三二年―一九〇五年、医師、宣教師）という人など、有名な伝道者が出ました。また、ウォッチマン・ニー（一九〇三年–一九七二年）という中国人の熱心な伝道者は、共産党によって二〇年間投獄され獄死しました。一八五八年に禁教令が解けてから、カトリック教会もプロテスタント教会各派も一斉に伝道しましたが、それは非常に困難な伝道でした。このような点でも日本とよく似た歴史を持っています。

一九〇〇年に「義和団動乱」という事件が起こりました。これは外国人排除の民族主義による国内動乱でした。特に、キリスト教の救援活動をおもしろく思わない人々による反キリスト教運動が背後にありました。この動乱で宣教師など二〇〇名以上、中国人クリスチャン三万名ほどが殉教しました（この動乱による犠牲者の数は、広い地域にわたることもあり、歴史的に確定していません）。

「殉教者の血は種である」[6]というテルトゥリアヌスの言葉のように、中国におけるキリスト教は、この後、種が六〇倍、百倍になるようにふしぎな発展をとげます。それはクリスチャンが迫害をキリストの十字架にあずかる祝福と信じるからです。「あなたがたには、キリストを信じることだけでなく、キリストのために苦しむことも、恵みとして与えられているからです」（新約聖書「フィリピの信徒への手紙」1：29）。

中国人の伝道方法は、外国人の手を借りないで、中国人自身の力で布教するという方法が採られました。ここから土着的なペンテコステ・カリスマ派の教会（中国発の教会、家の教会）

が生まれてきました。それに影響を与えたのは、一九〇七年頃の「アズサ通りのリバイバル」とその他のペンテコステ系の宣教師の到着でした。しかし、その宣教師たちのグループに入らないで、中国人独自の集会を持ち始める人々が出ました。それが「中国発の教会」（家の教会）の始まりです。初期の時代には、いくつもの大きなグループがありました。たとえば、「真《まこと》のイエスの教会」、「イエスの家族教会」、「聖霊の賜物教会」、「小さき群教会」（ウォッチマン・ニーによって創設された教会、ペンテコステ教会というよりホーリネス教会と呼ぶ方がふさわしい教会）などです。

これら以外にも、外国の伝道団と結びつきのない多くの教派が生まれました。現在では、上記の旧いグループ以外に非常に多くのグループに分かれていると言われますが、全貌はわかりません。しかし、ほとんどが福音派と言ってよいと思います。

歴史を見ると、中国の近代史は、苦しい戦いの歴史でした。筆者の高等学校の校長は、毛沢東を尊敬していました。毛沢東が中国の人民を組織して、ヨーロッパや日本の侵略と戦った「解放者」であるという話を熱く語ってくれました。何億と言う人口をかかえた中国を一つの国にすることは、非常に困難なことです。中国は共産主義によって国民の一致を保つ政策をとりました。共産主義国家になったのは一九四九年からでした。

共産主義は宗教ではなく思想です。共産主義と言う思想の配下にキリスト教がついてくれれば問題はないのですが、キリスト教は神以外の何ものも信じてはならない宗教ですからそうはいきません。キリスト教は共産主義者にとっては「おもしろくない宗教」「よくない宗教」です。それで中国共産党は「共産党と連携しながら信じるキリスト教なら認めましょう」という政策を採りました。これが現在も続いています。これを受け入れた教会のことを「三自《さんじ》愛国教会」と言います。「三自」とは、自養（自分たちのお金で）、自治（自分たちの運営で）、自伝（自分たちの伝道で）ということです。ようするに外国の援助ではなく、自分たち中国人だけの力でするという意味です。

共産党に認められたカトリック教会のことを「中国天主教愛国会」といい、正教会のことを「中国正教会愛国会」と言います。それまで伝道をしてきたほとんどの伝統的なプロテスタント教会（聖公会、長老教会、メソジスト教会、その他など）もこの三自愛国会に入りました。遅れて伝道を始めた福音派のペンテコステ教会も入りました。もし入らなければ、存続できないからです。

これら政府公認の三自愛国教会の信徒数は、政府の宗教事務局の発表によれば、現在、プロテスタントは一三〇〇万人、カトリックの中国天主教愛国会には信徒五〇〇万人から一二〇〇万人くらいいます。正教会愛国会は不明です。カトリックとプロテスタントの信徒数を合計すると一八〇〇万人から二五〇〇万人くらいです。

しかし、キリスト教信仰のさらに上に共産主義を置くことはできないとして愛国会に入らない教会がありました。これらが前述の「中国発の教会」(「家の教会」)です。この人々は公然と教会堂を建てることができませんので、どこかの家にこっそり集まり礼拝をもつようになりました。しかも、その数が半端ではないほどに増加しました。プロテスタント人口が一九四九年(共産国家になった年)には七〇万人、一九七〇年に一五〇万人ほどであったと推定されていますが、文化大革命時代(一九六六年―一九七七年)があったにもかかわらず、二〇〇〇年には、七〇〇〇万人以上と推定されています。実に、五〇年間で一〇〇倍の増加でした。この五〇年間に何が起こったのかは、やがて明らかになるでしょう。

実は、この「家の教会」が今、世界のキリスト教界でもっとも話題になっている課題です。「家の教会」の信者数は、七〇〇〇万人から八〇〇〇万人もいると言われます。どちらにしても世界のキリスト教徒人口を大きく変える数字です。当然、正式に人数を数えることはできませんので、推定数になります。つまり、公認されているキリスト教徒の人数より三倍近く多い地下教会の信者がいるということです。

筆者の尊敬する友人に、たびたび中国へ聖書を持ち運んでいる友人がいます。一九七九年以来、中国を訪問した回数は七八回にも及びます。中国では一九四九年に共産主義国家になって以来、聖書が手に入りにくくなっていたからです。「家の教会」が爆発的に伸びて以来、聖書を持っていない信者が圧倒的に多くなったために、彼は逮捕される危険を冒してトランクにいっぱいの中国語訳の聖書を運んでいました。今では、一九九〇年代に三自愛国教会で聖書の印刷が許可され、自由に聖書を購入することができるようになっています。

中国の「家の教会」のほとんどが小さなグループですが、中には大きな家や倉庫に何百人の人々が集うところもあると言われます。神学校を卒業した正式の牧師がいるわけではありませんので、信者の中でリーダーを養成し、「家の教会」の世話や聖書教育をしているようです。

インド

インドの人口は、一三億一六〇〇万人で、中国に次いで世界第二位の国です。やがて中国を抜き、世界で最も人口の多い国になろうとしています。ヒンドゥー教徒が七三・七二%、イスラム教徒が一一・九六%、キリスト教徒が六・〇八%です（『ブリタニカ国際百科事典』ブリタニカ社、二〇〇七年）。

インドにはイエスの一二使徒のひとりトマスが伝道してできた「トマス教会」があります。また、一六世紀から伝道を始めたカトリック教会は、現在では人口の二%弱にあたる信徒がいます。

インドのプロテスタント教会は、二〇世紀のエキュメニカル・ムーブメントの影響を受けていろいろな伝統的な教派が合同しました。インドには「南インド合同教会」（一九四九年）と「北インド合同教会」（一九七一年）があります。現在、南北合わせて五三〇万人の信徒がいて、プロテスタント教会としては最大です。

伝統的な教会としては、その合同教会の次に大きいのがルーテル教会で四二〇万人、バプテスト教会が三〇〇万人、合同していないメソジスト教会が六四万人などです。学校や福祉施設も多く、筆者は二〇一〇年にその福祉施設の一つを訪問しました。路上生活をしていた女性の施設でした。福音派はアッセンブリーズ・オブ・ゴッド教団、シャロン教会、神の教会などがあり、一九九四年で合計一〇〇万人ほどいましたが、現在はもっと多くなっています。しかし、南米やアフリカのように、福音派が爆発的に伸びるということはありませんでした。

ベトナム

ベトナム（人口九三七〇万人）は、社会主義国になり、総人口の七%がカトリック教徒、一%がペンテコステ系プロテスタント教徒です。無宗教の人が増えています。詳しいことは分かりません。

ネパール

エベレストを持つ山岳国家です。人口三〇〇〇万人弱、多民族国家でネパール語のほか多くの言語があり、ヒンドゥー教徒が八〇％の国です。二〇一五年に大きな地震があり九〇〇〇人もの犠牲者が出ました。経済的に貧しい国です。一九五〇年までは王制で鎖国のような状態でしたが、革命が起こり、王制から民主制に変わりました。したがって、キリスト教の伝道は一九五〇年以降です。特に女性の地道な伝道活動によって、一九五〇年以降のわずかな年月で、現在人口の三・六％にものぼるキリスト教徒がいます。小さなグループによる聖書勉強会が盛んです。その信仰的な傾向は、一九五〇年の当初より、ペンテコステ・カリスマ的な性格を持っています。

つい数か月前、筆者は、ネパール人の牧師と結婚した日本人の女性に出会いました。六〇歳を過ぎた方でしたが、結婚したての頃は、電気がなくて、暗闇の中で食事をしたそうです。ネパール人には食べ物が見えるそうですが、その方は暗闇で何を食べているかわからない中で食事をしたそうです。そのような苦労話なら、やまほどあるそうです。多くの日本人は、そのような日本人キリスト教徒がいるということ自体を知らないと思います。「涙とともに種をまく

写真5　ネパールの山岳地帯のアッセンブリー教会の礼拝

人は、喜びの歌と共に刈り入れる」（旧約聖書「詩編」126：5）。この聖書の言葉のような人生を歩いてこられた方でした。夫の牧師はアッセンブリーズ・オブ・ゴッド教団の所属です（写真5「ネパールの山岳地帯のアッセンブリー教会の礼拝」）。

インドネシア

人口が二億六一九九万人（二〇一七年）と多いインドネシアでは、多くの国民がイスラム教徒です。しかし、キリスト教徒も二一〇〇万人いて、総人口の九・九％にあたります。圧倒的にイスラム教徒が多い中で、キリスト教徒がそれほど多く存在していることを不思議に思われるかもしれません。ある人はこれを「インドネシアの奇跡」と呼ぶのですが、キリスト教徒の約半分、九四〇〇万人がペンテコステ・カリスマ派の信徒です。集団で種族ごとの改宗があったり、島々で熱心な信仰運動が起こったりしたからです。

北朝鮮

北朝鮮は、かつてはその首都ピョンヤンが「アジアのエルサレム」と呼ばれるほどキリスト教徒がいましたが、戦後、共産主義国家になり、先代からのキリスト信者の子孫だけが礼拝を認められ、信徒数は減少し続けています。二〇一九年夏に在日大韓キリスト教会（伝統派）の女性会の代表が、北朝鮮を訪問し、二つの教会の日曜礼拝に参加しています。

オセアニア諸国

オセアニアとは、オーストラリアやニュージーランドなど一四か国を指します。多くの島々があります。地理学的には、「オセアニア」あるいは「大洋州」として独立して取り上げなければなりませんが、総人口がわずか四一〇〇万人（二〇一八年）で世界人口の〇・五％に過ぎませんから、このアジアの中で取り上げます。人口が多いのはオーストラリアとニュージーランドです。

オーストラリアは、二〇一六年のオーストラリア統計局の国勢調査では、キリスト教徒が約五二・一％、無宗教が約二九・六％です。ただし、これは日本語に翻訳された部分的なもので、無宗教が増加しているという結果が強調されています。さらに、この中にはなぜか福音派が含まれていません。

他方、オックスフォード大学が出版している『世界キリスト教徒百科事典』（二〇〇一年）には、オーストラリアとニュージーランドを合わせて三〇五万人の福音派のキリスト教徒がいます。このように、数字と強調点の違いは、調査の仕方によって非常に大きな差が出てくる例です。ペンテコステ・カリスマ派を含んだ福音派の信者は、オーストラリアの中では、全キリスト教徒の一三・三％です。(7) 特にオーストラリアの「ヒルソング教会」が一九九〇年代より有名になりました。この教会はペンテコステ系で現代的な「賛美」の詞・曲と演奏により世界的に有名になりました。

オセアニアのキリスト教会の特徴は、カトリック教会とプロテスタント伝統派の教会が多数を占めていることです。たとえば、二〇〇〇年でカトリック教徒が全人口の二二・六％、聖公会が一三・三％です。

アジアのキリスト教会の様子を概観してきましたが、他の大陸と違って、まだキリスト教が伝道されていない所が多くあります。アジアは全世界の人口（ロシアを除き）の五八％を占めていながら、わずか九％のキリスト教徒です。このため世界のキリスト教の伝道者の目がアジアに向かっています。たとえば、現在多くの韓国人宣教師が日本をはじめアジア各地で伝道しています。日本はキリスト教徒が非常に少ない国です。

歴史的に振り返ってみると、アジアにおいて、一九世紀から始まったカトリック教会とプロテスタント教会伝統派の伝道は、教義を教えるタイプの伝道方法でした。すなわち教育的な伝道でした。そのような伝道方法は、各国においてそれなりの意味がありました。二〇世紀に入り、そこに聖霊の力による伝道が加わりました。その結果、伝統的な教会の信徒数は停滞気味ですが、福音派の信徒数が増加してきています。それは南アメリカやアフリカのように爆発的に増加しているのではなく、静かにゆっくり進んでいる状態がうかがえます。

第12章 ヨーロッパの福音派

ヨーロッパの教会の概況

ヨーロッパのキリスト教会を一言で表現すれば、世俗化の波にのまれ、後退している状態です。

ヨーロッパは、キリスト教世界の心臓部のはずです。二〇〇〇年の歴史があり、キリスト教の文化が栄えました。ルネッサンス、産業革命などが起こり世界の国々をリードしてきました。イギリスを中心にしたヨーロッパの人々が移民となりアメリカができました。しかし、大きな罪を犯してきました。植民地主義、奴隷貿易、二度にわたる世界大戦、そしてユダヤ人五〇〇万人以上の虐殺などです。ヨーロッパのキリスト教徒は、一九一〇年には全人口の九四%を占めていましたが、二〇一一年には七六％になりました。

一般的に言って、北欧はプロテスタント信者が多く、税金で教会が支えられて、それなりの体制ができ上り、フランスやイタリアなどがある南欧は、堅固なカトリック教会という壁があります。

福音派が伸びなかった理由

世界中で福音派が発展していますが、ヨーロッパ大陸では、福音派が伸びませんでした。その理由として次のような点が考えられます。

1　第一次世界大戦がおわった一九一八年以降、ロシアが共産主義国家になり、宗教が否定され、キリスト教が迫害されました。
2　第一次、第二次世界大戦によりヨーロッパ大陸は、戦火に覆われました。
3　中世、近世を通して、ヨーロッパではキリスト教世界が完成して、教会が税金で賄われ、生き生きとした信仰の世界ではなく、生活のあらゆる場面で教会と国家が深く関わり、それが固定化しました。そこに聖霊によるペンテコスタルな運動が入り込もうとしましたが、出来上がった堅い体制に阻まれました。

ノルウェー

筆者は二〇一二年にノルウェーのあるルーテル教会を訪問しました。老牧師と中年の牧師が牧会している教会を訪れ、説教壇が二つあるのを見つけました。一つは、世界中どこでも見られるような、祭壇側にある説教台で、会衆と同じ目線で説教ができる台でした。もう一つは、祭壇のわきにある細いラセン階段を二メートルほどのぼる、会衆を見下ろすような高さの説教壇でした。昔、映画で見たことのある構造になっていました。中年の牧師に「あなたは、どちらの台で説教しますか」と尋ねたら、笑いながら「もちろん低い方です」と答えましたが、「老牧師は高い方を使いますけどね」と加えました。その答えが、ヨーロッパの伝統的な教会の様子をよく表していると思いました。旧い教会体制と新しい考え方が混ざっていると思いました。

日本人には少し理解しにくいことですが、ノルウェーではまだ税金で教会が賄われていました。筆者は税金で教会が運営されていることに驚きました。「もう来年くらいから税金ではなく、献金で運営されるようになりますけどね」と、その牧師が説明してくれました。聖書には

「地の作物であれ、木の実であれ、大地の産物の十分の一は主のものである」（旧約聖書「レビ記」27：30）とあり、キリスト教徒にとって税金は献金のようなものですから、税金でも献金でもかまわないところがあります。牧師は公務員の待遇になっているそうです。税金ではなく献金に代わっても、きっと国民に大きな混乱はないのでしょう。それほど国家と教会が深いつながりを持っています。

ノルウェーの人口はわずか五〇〇万人余ですが、国民の八一・八％がいろいろなルーテル派教会に属し、ペンテコステ系の信徒は四〇万人ほどにすぎません。トマス・バラット（一八六二年―一九四〇年）という牧師（メソジスト系）が、たまたまニュー・ヨークに滞在中アズサ通りのリバイバルの話を聞いて、聖霊の洗礼と異言を体験してノルウェーに帰国し、ペンテコステ系の教会を始めました。しかし、ペンテコスタルな信仰で教会を革新しようとしても、税金制度やさまざまな法律で固められた社会の中で、受け入れる人々と反対する人々の争いになるだけでした。

ドイツ

ドイツの人口は八三〇〇万人です。三二％の国民がプロテスタントで、多くが「ドイツ福音主義教会」に所属し、三〇％がカトリック教会に所属しています。法律により、教会員は自己申告で教会税（所得税の八–九％にあたる額が、所得税とは別途徴収される）を払っています。一九九〇年に東西ドイツが統一されてからは、無宗教の人口が四〇％にもなってしまいました（イスラム教徒は人口の五％にすぎませんし、五〇以上もの国々からの移民で、各派の内部統一は困難と言われています）。税金によって教会が賄われているということは、ペンテコステ教会のような新しい宗教運動が入り込むことを難しくしています。さらに、ドイツでは「反ペンテコステ感情」が強くありました。

フランス

フランスの人口は六六九九万人です。労働力として移民を多く受け入れてきましたから、人口の三分の一は移民の子孫になりました。公の場所では宗教色を出す衣服などが禁止されています。「個人」一人一人が守られる崇高な社会を目指していますから、その元になっているキリスト教的な敬虔や厳格な倫理には奥深いものがあります。ある統計によれば、国民の四一％がカトリック教徒、プロテスタント各派合計が三％、驚くことに無神論・無宗教が四二％もいます。かつてのキリスト教的な社会から、非宗教的な社会あるいは「世俗化された社会」になろうとしています。

イギリス

イギリスは四つの大きな区域に分かれています。それぞれがそれぞれの歴史をもっているために、日本のように国単位の統計を取るのが難しいという現実があります。総人口は六五一〇万人です。イギリスといえば、だれでも王様を首長とする「イギリス国教会の国」を連想します。今も国教会が国の宗教になっていますが、二〇一七年で国教会信徒は人口のわずか一五％にすぎません。国民が何を信じても自由です。カトリック教徒が七・二％です。長老教会、メソジスト教会、バプテスト教会などの伝統的なプロテスタント教会もあります。もっとも多いのは、二〇一一年の国勢調査で、無宗教人口が二五・七％にも上っていることです。かつてはキリスト教の国と言われましたが、それは昔のことで、今は世俗化（非宗教化）の進んでいる国になりました。

移民を受け入れる政策を取ってきましたから、現在では移民が総人口の一割超になりました。カリブ海地方からの移民、アフリカからの移民、その他の国々からの移民です。かつてはイギリスから宣教師が派遣されていましたが、今では逆になり、外国から多くの牧師たちが移民し

写真6　イギリスのカリスマ派、ヒルソング系教会の礼拝

て来ます。それらの教会は、ペンテコステ・カリスマ系の教会や現地発の教会です。ほとんどすべてが福音派に所属しています。伝統的な教会の中には閉鎖する教会堂がありますが、新しい教会は「家の集会」を開き、劇場を買い取り、あるいはホールを借りて集会を開き、やがて自前の教会堂を建てています。

イギリスでは世俗化が進んでいると聞くと、キリスト教が衰微しているように感じられますが、むしろ古い伝統的な教会が高齢化して、新しい現代的な音楽を取り入れたペンテコステ・

カリスマ派の教会に入れ替わりつつあると言った方がより正しい表現になります。エリム教会、アッセンブリーズ・オブ・ゴッド教会、フォー・スクエアー教会、アフリカ発の教会、オーストラリアのヒルソング教会の影響を受けた教会などが毎年新しい教会堂を作っています。すなわち、都市部では古い教会堂が観光地化し、住宅地では新しい福音派の教会が増えています。ヨーロッパ大陸では、ペンテコステ・カリスマ派教会の伝道は苦戦していますが、イギリスでは少し進展しています（写真６「イギリスのカリスマ派、ヒルソング系教会の礼拝」）。

ロシア

本書では、ロシアをアジアの一部として統計にいれている部分がありますが、ここではヨーロッパの一部として扱います。ロシアの人口は一億四五〇〇万人で、九〇〇〇万人の人々がロシア正教会の信徒です。カトリック教会もプロテスタント教会の伝統派も福音派もありますが、多くはありません。イスラム教もユダヤ教もあります。ロシアにもロシア人のカリスマ指導者が中心になってできた教会（ロシア発の教会）があります。その信徒数は、五三〇〇万人にものぼるといわれます。(8)

第13章 日本の福音派

日本のキリスト教会の概況

二六〇年間にも及ぶ「キリシタン禁令」が明けた日本でしたが、その後も第二次世界大戦の敗戦まで政府による弾圧に苦しみました。宗教の自由が保障された戦後、カトリック教会もプロテスタント教会もわずかに増加しましたが、けっして著しい伸長はありませんでした。戦後七四年の間に、伝統的な教会であるカトリック教会とプロテスタント教会は、世界的な伝統派教会の停滞と退潮の波にのみこまれました。戦後のキリスト教会の特徴は、新しい福音派教会ができたことです。しかし、世界の福音派教会のようには伸びることはなく、ゆるやかな増加に過ぎません。

宗教人口

宗教団体は、自分が信じている宗教がいかに多くの人々によって信じられているかを誇ろうとします。日本の各宗教団体が発表する信者数は、けっして正確なものではありません。正確な信徒数などは得ることができないことを承知の上で、カトリックを含んだ日本のキリスト教徒の総計と、プロテスタント教会の中の伝統派と福音派の教会に属する信徒数を調べてみましょう。

宗教法人

日本国憲法によれば、政府が国民の心の中まで支配することを禁じています。宗教は国民が安寧《あんねい》に生活するために「善なるもの」という前提に立って法律ができています。そのため税金が免除されます。政府が宗教法人格を申請してくる団体に対して、精査して認証書を発行します。認証書を発行できることまでが、政府のできる範囲です。それ以上のことをすれば、信教の自由を侵害することになります。

また、各宗教団体は、本来政府の認証を求めなくてもよいことを自覚しておく必要があると思います。土地・建物など、つまり物を持たない団体は、宗教法人格を必要としませんし、得ることもできません。たとえ土地・建物があっても税金さえ納めておけば問題はありません。宗教法人格を持たないからと言って、いかなる宗教もとやかく言われる筋合いのものではありません。信仰は国民にとってまったく自由で、良いもののはずです。

『宗教年鑑』

戦後、一九四九年より、日本の文部省（現・文部科学省）は宗教人口の調査をして発表してきました。政府が宗教の調査をすることは禁じられていますから、これは「宗教法人」に関する調査です。宗教法人格を取っていない団体は含まれていません。しかし、日本の宗教団体は無税になることと、「政府によって認められた宗教であり、信用できる団体である」というお墨付きを得ようとして、ほとんどの宗教団体が宗教法人格を取得しています。

ただし、この『宗教年鑑』には、各教派の信者数は載っていますが、プライバシー保護の立場から各個の教会や寺院の信徒数は載っていません。したがって、伝統的な教会の信徒数と福音派の信徒数などを計り知ることができません。

『キリスト教年鑑』

日本のキリスト教人口を研究するためには、「キリスト新聞社」が発行している『キリスト教年鑑』がもう一つの資料です。すなわち、日本のキリスト教の信徒数などの調査をするためには、政府が発行している『宗教年鑑』と私的な会社が発行している『キリスト教年鑑』の二つが主なものです。

『キリスト教年鑑』は戦後すぐからの年鑑ですから、コンピューターが無く、大変細かい手作業を必要としました。筆者も毎年各教会に送られてくる調査表に書きこんでは返送していました。この年鑑には、地方の小さな教会のことまで非常に細かく記載されていますから、日本のキリスト教界の宝物のような年鑑です。ただ残念なことは、購読者が伝統的な教派に偏り、いわば日本の伝統派教会の人々を中心に発行されていますので、戦後急速に伸びてきた福音派の教会（ペンテコステ・カリスマ派の教会を含む）の記録が不十分だということです。

キリスト教徒人口の定義

信仰はいかなる宗教にとっても、それを信じる人にとっては、かけがえのないものです。筆者は「私はキリスト教徒です」という人をすべてキリスト教徒として計算しています。他の教派・教団を「異端」と言って排除している人がいますが、筆者はそのような立場を取っていません。他国の統計や年鑑も、モルモン教やエホバの証人などの特色のある教派の信徒もキリスト教徒として計算に入れています。

日本のキリスト教徒は二〇〇万人

政府の文部科学省文化庁の宗務課が発行している前述の『宗教年鑑』（平成二九年版、二〇一八年発行）によれば、日本のキリスト教会数及び信徒数は、

旧教　一〇三八教会　四五万　六〇六名
新教　五四七八教会　五〇万九六四七名

合計　六五一六教会　九六万〇二五三名

文部科学省は、いわゆる包括宗教団体（いわゆる教派・教団）などを管轄しており、全国にある各個の宗教法人の認証は各都道府県にまかせています。したがって、信徒総数を把握するためには、各都道府県の宗教法人格を持つ教会の信徒数を見なければなりません。便利なことに、『宗教年鑑』には、その統計も記載されています。それによると日本の宗教法人に所属するキリスト教信徒総数は、一九一万四一九六名です。[9]

この数字は、各県別の信徒数が明示されており、二〇一八年の日本におけるキリスト教徒の実数にもっとも近い統計ということができます。国民の一・五％がキリスト教徒です。

筆者の独自の調査によれば、宗教法人格を取得していないと思われる教会は、六七四教会（集会）です。逆算して得た数字ですから、どの教会であるかの名前までは知ることができません。そのほとんどの教会が、少数の信徒による教会ですから、追加すべき信徒数の推計は四万二〇〇〇名ほどです。この推計の基になっている資料は『クリスチャン情報ブック２０１８』（いのちのことば社）で、全国の平均教会員数六二・四名によります。

また、『キリスト教年鑑』には、信徒数が記載されていない教派・教団が四〇以上もあります。その中にはアッセンブリーズ・オブ・ゴッド教団、日本キリスト教会、イエス之《の》御《み》霊《たま》教会（単立でない）や原始福音など大きな教派が含まれます。このように空白の多い統計を基にした『キリスト教年鑑』により、日本人のキリスト教徒総数は九七万六四三四名[10]で、総人口の〇・八％にも満たないと主張する人が大勢います。これは正しくありません。

最後に、『宗教年鑑』にも『キリスト教年鑑』にも表れていない教会がどれほどあるかですが、その把握はさらに難しくなります。しかし、筆者の身近にすらいくつかあります。中には日曜日に数百人が集う大きな教会も、毎週三名ほどの小さな集会もあります。その多くはペンテコステ・カリスマ派の教会・集会ですから、当然、福音派の中に含まれます。

以上を総合すると、日本のキリスト教徒数は、二〇〇万人を少し超えていると結論づけることができます。この中には洗礼を受けていない子供は、ほとんどの場合、含まれていません。このようなキリスト教会の事情を考慮すれば、信徒数が二〇〇万人を少し超えている程度というのは、非常に控えめな数字と言えます。

日本の伝統的な教会

本書の主題である「伝統派」と「福音派」の色分けを、日本の教会にあてはめて見てみましょう。

日本の伝統的なキリスト教会とは、長い年月を経過している教派・教団を指します。「長い年月」とは、日本の国内外において、おおむね数百年の歴史を持っていることを指します。これらの教派は、日本伝道が非常に困難であったために「学校教育」に力を入れました。したがって、日本でよく知られているいわゆるミッション・スクールは、ほとんど伝統的な教会の関連学校です。それらは次のような教派です。

ローマ・カトリック教会、正教会、聖公会、日本キリスト教団、戦前からの歴史をたどることのできる長老教会、改革派教会、ルーテル教会、会衆派教会、バプテスト同盟、メノナイト教会、ブレザレン教会、フレンド派教会、無教会の集会など。

『宗教年鑑』を源資料とし、『キリスト教年鑑』を参考資料にした、筆者の推計によると、伝統的な教会の信徒数は次のようになります。

ローマ・カトリック教会	九七一教会	四三万四〇五四名
正教会	七四教会	一万　四九七名

プロテスタント教会の伝統派　　三三六〇教会　　二九万七三七三名

したがって、日本の伝統的なキリスト教会の推計は、合計四四〇五教会、信徒数は、七四万一九二四名になります。

日本の福音派の教会

他方、日本のプロテスタント教会の中の福音派教会とは、アメリカなどにおいて伝統的な教会からその聖書理解において保守的な立場のゆえに分離・独立した教派から宣教師などが派遣されてできた教会を指します。たとえばホーリネス教会やそこから分派した教会などです。日本では一九世紀の終わりから二〇世紀の初頭に、伝統的な教会より数年遅れで入ってきた教派がこの範疇《はんちゅう》に入ります。この教会は聖霊体験を強調します。

日本ホーリネス教団（太平洋戦争に反対し投獄され殉教した牧師がいる）、救世軍（年末の「社会鍋」活動で知られている）、日本イエス・キリスト教団、日本バプテスト連盟（西南学院と関連している）、日本同盟基督《キリスト》教団、インマヌエル綜合伝道団、日本アライアンス教団、また〇〇福音教会と名付けられた教会など非常に多くの小さな教派や単立教会です。

これらの教派は、一般の日本人には知られていませんが、キリスト教の世界ではよく知られた教団です。さらに、戦後になってからも同じ聖霊体験を強調する教会が入ってきました。「アズサ通りのリバイバル」の最中に、日本にもペンテコステ教会が伝道されたことを前述しました。更に、一九六〇年代以降、カリスマ派教会が入ってきました。伝統的な教会は、ほとんど入ってきていませんから、近年に伝道を開始した教会のほとんどは、このカリスマ派の教会です。

南米やアフリカでは、ペンテコステ・カリスマ派の教会が福音派の中核をなしていますが、日本では全福音派教会四五六七教会の中で、筆者が確認できるペンテコステ・カリスマ派教会は九七一教会にすぎません。したがって、日本の福音派教会の特徴は、聖書の字句通りの保守的な解釈をする点では同じでも、聖霊の働きを強調する教会が八〇％、聖霊の賜物を強調するペンテコステ・カリスマ派教会が二〇％で、世界的な傾向とは逆になっている点です。

ペンテコステ派の教派としては、戦前からある日本アッセンブリーズ・オブ・ゴッド教団、日本チャーチオブゴッド教団、日本ペンテコステ教団、単立ペンテコステ教会フェローシップなどです。東京にある神召《しんしょう》キリスト教会や奈良県の生駒《いこま》聖書学院などが、古くからあるペンテコステ系の教会や神学校です。戦後の教会で、カリスマ派の教会は、日本フルゴスペル教団、神の家族キリスト教会、カルバリー・チャペル・グループなどの教派です。

写真7　日本のカリスマ派教会の礼拝（2019年）

上記のほとんどすべてと言っていいほどの教会が宗教法人格を得ています（写真7「日本のカリスマ派教会の礼拝、二〇一九年」）。

戦前からあるいわゆる「日本発のペンテコステ・カリスマ派の教会」としては、イエス之御《のみ》霊《たま》教会、聖イエス会があり、戦中に始まった日本発の教会は原始福音（キリストの幕屋）などです。

筆者の推計によれば、福音派に属すると考えられる教会は、四五六七教会で、信徒数は二九万一八〇〇名です。信徒数が分からないイエス之御霊教会（本部派）や原始福音などを加えれば、総計三〇万人を優に越えます。

日本のプロテスタント教会の伝統派と福音派の教会を比べてみると、教会数においては、福音派が一二〇七教会多く、信徒数においては伝統派が七一九三名多くなります。福音派の教会数が多く、信徒数が少ないと言うアンバランスはふしぎではありません。伝統的な教会は古くから伝道している教会であるため、一教会あたりの信徒数が多くなる傾向にあり、福音派の教会は遅れて伝道し始めた教会が多く、信徒数は年月が少ない分だけ少なくなる傾向にあるからです。

日本には、いわゆる一教会の信徒数が一万人を超えるようなメガ・チャーチ（巨大教会）はなく、カリスマ派あるいはカリスマ的指導者による爆発的な教会成長も現時点では見受けられません。したがって、日本の福音派の特徴は、ペンテコステ・カリスマ派の信徒数が非常に少ないという点です。世界の潮流より少し遅れていますが、今後ペンテコステ・カリスマ派の教会が増えてゆくと考えられます。

伝統的な教会は、多くの学校や福祉施設を関係団体としてもっています。福音派に属するとみられる学校は少ないですが、福祉施設は増えてきています。

信徒数に関する日本のプロテスタント教会の最大の問題は、後に述べる「ものみの塔」と「末日聖徒イエス・キリスト教会」（モルモン教）と「世界平和統一家庭連合」の三つの特別な教派の教会数が一八〇三教会と少ないにもかかわらず、信徒数は九四万九九七三人もいて、他の全プロテスタント信徒より多いということです。すなわち、これら三つの教派が、統計上、日本のプロテスタント信徒数を一気に押し上げているという現実です。多くの研究者は、これら三派の発表する信徒数を疑問視していますが、実際はかなり信頼できます。また、これら三派をキリスト教徒数に入れない人々がいますが、筆者は「自分をキリスト教徒と言う人」をすべて含んで計算しています。世界の統計もこれらの教派を含んでいます。

特色のあるキリスト教会の人々

もともと「異端」と訳されている言葉は、ギリシャ語の「ハイレオウ」（選ぶ）（自分の意志で選択する）が語源で、カトリック教会や正教会の側が、他の教派に対して使った言葉です。日本語の「異端」という漢字は、「異なる端」と書き、不快感を与える言葉ですから、学術的な用途以外には使わないようにすべきではないかと筆者は考えます。旧約聖書の預言者イザヤが言ったように、メシアは「傷ついた葦《あし》を折らず、くすぶる灯心の火を消さず」（「イザヤ」42：3、「マタイ」12：20）という人でした。筆者にはこの特別なグループの知人が数人いますが、彼らは「異端」といういやな言葉のレッテルを貼られ、反論することなく、涙をこらえている「傷ついた葦」「受難者」たちです。筆者は特別視されている教会を「特色のあるキリスト教会」と呼びます。

「ものの塔」（エホバの証人）という教会は、日本に一二三四教会あり、二一万三四七三名の信徒がいます（二〇一八年一〇月現在）。訪問伝道や路上伝道を行っているために国民の目につきやすい団体です。礼拝では、皆がパーソナル・コンピューターのタブレット版を持ち、それで讃美歌を歌い、聖書とこの教派独特のテキストを用いて勉強しています。多くの教会（王国会館）が、単立教会として宗教法人格を取得しています。

末日聖徒イエス・キリスト教会（モルモン教）は二七一教会、一二万六五〇〇名の信徒がいます。聖書以外にいわゆる『モルモン書』をもっています。宗教法人格を取得しています。

世界平和統一家庭連合（一九九七年に統一原理協会より改名）は、二九八教会と多くのセンター（支所）を持ち、六一万名という非常に多くの信徒を数えています。この教会の特色は三つあり、一つは結婚（家庭）を重視することと（集団結婚式で有名）、第二は結婚を重視する教義から家族構成員の単位で信徒数を数えることです。一人の信徒がいれば、その家族全員が数えられる可能性があるということです。このため信徒数が多くなります。第三は、聖書以外に創始者で故人の文鮮明さん（一九二〇年–二〇一二年）の著書を重視し、神格化している側面が見受けられます。その点が多くの反対と議論を呼んでいます。すべての教会が単立の宗教法人格を取得しているはずです。

以上の三教派は、統治形態としては「監督制」です。この三派の信徒数を合計すれば九四万九九七三名にものぼります。

これら三教派は、日本の社会の中で有名なキリスト教系の団体です。計上されている信徒数は、それぞれの派が発表しているものですが、整合性の取れている数字です。特に、最近では、これら三派は情報を公開する姿勢を持っています。

これら三つの教会の日曜日の礼拝は、あまり宣伝されていませんので、ほとんどその存在すら感じさせませんが、それぞれ安定した礼拝を行っています。これら三つの教派は、カトリック教会や伝統派・福音派のプロテスタント教会とは異なり、十字架の印がなかったり、掲げている教会の看板がなかったりして目立ちません。これら三つの教派のうち、「ものみの塔」は福音派の中に数えられるべき要素を含んでいますが、筆者は三つ共に、伝統的な教会にも福音派教会にも入れないで計算しました。

世界的なキリスト教会の潮流から見れば、日本では、三つの特色ある教派の信徒数が異常に多いのではなく、それと比較して、むしろそれ以外のキリスト教徒が異常に少ないといえます。なぜ伝統的とか福音派と呼ばれるキリスト教会の信徒が少なく、特色ある教派の信徒が多いのでしょうか。それは今後の研究の課題になると思います。

以上のすべてを含んだ日本のキリスト教会と信徒の総数は、筆者の調査によると次のようになります。

カトリック教会	九七一教会	四三万四〇五四名
正教会	七四教会	一万　四九七名
プロテスタント教会	九七三〇教会	一五三万七五二六名
合計	一万　七七五教会	一九八万二〇七七名

奇しくも宗教法人を基にした『宗教年鑑』のキリスト教徒人口とほぼ同じになります。前述したように、この数字に、記載漏れの教会、生まれて間もない教会、教会に加わっていない信者、子供たちを加えると、二〇〇万人を優に超える信者数になります。また、細かいことを言えば、たとえば筆者が所属している日本基督教団という教派では、教団内部で発表している信徒総数は一六万九〇〇九人ですが、『宗教年鑑』では一一万七七七三人で、その差は五万人以上になります(いずれも二〇一八年版)。また、ネパールの教会のことを前述しましたが、ネパール人の教会が日本にもありますが、それら外国人を主体とした教会も、以上の統計には含まれていません。

前述したように、宗教人口は正確に把握しにくいところがありますが、筆者はできるかぎり実数に近いように考えました。日本のキリスト教徒人口は、二〇〇万を少し超えているという表現は、かなり控えめな表現です。日本のクリスチャン人口は、教会に通っている子供たちや統計に入っていない信徒を加えると、現在二〇〇万人余、総人口の「一・七%」弱であると説明するのが最も控えめな実数に近い数字と言えます。

萩の遺跡

もう一〇年以上も前のことですが、筆者は山口県の萩に旅行しました。江戸時代の末期から明治時代の初期まで、長崎で隠れキリシタンが捕縛され、この地に流されてきた人々で、亡くなった人たちのお墓があるということで、探して訪ねました。観光案内の地図には、「萩キリシタン殉教者記念公園」があるのですが、場所がなかなか見つかりませんでした。それもそのはずで、広い公園を想像していましたが、萩城跡のはずれにある粗末な小さな一角がそれでした（現在は少し整備されたそうです）。筆者にとってはぜひ訪ねたかった所ですが、ほとんどの旅行者は来ないようです。また、明治時代の初期まで、このようなキリシタン狩りがあったことを知っている日本人がどれほどいるでしょうか。

江戸時代のキリシタン迫害の歴史は、キリスト教に対する負のイメージを作り出しました。キリスト教の内容を知ることなく、日本人はキリスト教に対して、何か深い霧のようなものに覆われてしまいました。キリスト教徒自身も、そのような霧の中に包まれ、何事も曖昧にして、前述のようなキリスト教徒人口が〇・八％と言うような不正確な表現を真に受けているのだと思います。それは一種の「被害者意識が抜けない表現」だと感じます。

過去一五〇〇年余の日本人クリスチャンの努力が、その深い霧を少しずつ振り払ってきたように感じます。そして、十字架上に現されたキリストの愛が、少しずつ日本人の心に到達しようとしているように思えます。やがて日本にも新約聖書の「使徒言行録」第二章（ペンテコステの出来事）の再来があることを期待します。

第14章

福音派の未来

筆者が小学生のころ、すぐご近所に「馬屋《うまや》さん」がありました。戦争直後で、自動車が少なく、馬が細長い荷台に荷物を乗せて引いていました。ですから、まだ馬による運搬業が成り立っていたのだと思います。そのご近所さんはいつの間にか廃業していました。人々はマイカーを持つようになりました。さらに、最近は運転手がハンドルから手をはなしていても、目的地まで連れて行ってくれるような車が出てくるそうです。筆者が運転免許証を返納する必要はなかったのでしょうか。なんという時代になってきたのでしょうか。

考えてみれば、人類は一〇〇年二〇〇〇年という年月の間に、小さな変化をゆっくり進める時代を生きてきました。ところが、二〇世紀に入り、車の急発進のように、人類は、突然、科学を発達させ、すべてを変え始めました。キリスト教の世界も、ヨーロッパを中心としていた時代から北米に移り、今や南米、アフリカ、アジアへと移り変わろうとしています。特に、第二次世界大戦以降のキリスト教会の変化は、何ものにもたとえられない未曽有の大変化です。

かつての人類は、一人の王（支配者）のわがままで大勢の人々の命が虫けらのように消される社会に住んでいました。近代社会は王制を廃止し、民主国家を作りました。人は皆平等であるべきだからです。平等の思想は、神が等しく愚かな者として人間を造ったという聖書の教えから出ていました。民主思想は、聖書を学んでいたヨーロッパで生まれました。ハンディキャップをもった人々への温かい配慮の政策も、ヨーロッパから生まれました。仕事のできなくなった人々、病人、高齢者に配慮した年金制度もヨーロッパで生まれました。その背景には聖書の教えがありました。聖書の教える「隣人愛」の思想から人権思想が生まれました。

男女同権の思想から、女性も軍人になり戦闘員になることができるようになりました。それが果たして聖書の教えに合っているのでしょうか。男女が等しく働くようになりました。男性がどこまで育児を分担すべきでしょうか。それは女性の仕事を男性が奪うことになるのではないでしょうか。そもそも男と女は異なるのではないでしょうか。その上に立ったとしたら、どこまでが男性のあるいは女性の役割でしょうか。そもそものような役割の違いなどは存在しないのでしょうか。

ヨーロッパの自由・平等・人権の思想が、世界の多くの人々の幸せを創り出してきました。したがって、中絶の権利、同性婚の権利などのヨーロッパの権利獲得運動も、人類の発展の一里塚になるのでしょうか。どこまでが認められ、どこからが聖書の教えからの逸脱になるのでしょうか。

本文の中で、ヨーロッパの教会を一瞥しましたが、今は非常に激しい世俗化の波に襲われている時代です。世俗化の時代の後にどのような時代が来るのでしょうか。多民族・人種を受け入れ、一人一人の人権を発展させているヨーロッパ諸国が、実は世界平和の先駆けとなり、もっとも聖書的な地球の一地方になろうとしているのかもしれません。今後のヨーロッパ教会の課題は、聖霊の先導による伝道と人間の知恵と努力による伝道のバランスが取られ、世俗化を乗り越えて再生することだと思います。

現在のヨーロッパの女性解放運動、同性婚運動は、一〇〇年後の時代から振り返れば、人類の福祉に貢献していたということになるのかもしれません。聖書の教えは、神を第一にすることです。しかし、同時に、人間に与えられている知恵を活用するようにという教えです。福音派の今後の最大の課題は、聖霊の賜物の神学を発展させることだけではなく、それに合った人間の知恵を用いることだと思います。

伝統的な教会は、カトリック教会もプロテスタント教会も「聖霊体験的な神学」を発展させなければなりません。聖書の高等批評が間違っているわけではありませんから、今後も聖書神学をさらに深めていく必要があります。しかし、ヒトの本質的な問題は、いかに生きまた死んでゆくかですから、知的な発展だけではなく霊的な成長を抜きにしては成立しません。福音派は人間の知恵による部分を増やすこと、伝統的な教会は霊的な要素を増やすことが必要です。

中南米の福音派教会、アフリカの福音派教会は、だれも予想しなかった発展を見てきました。しかし、それは世界の人口動態変化が加わっていたことを考慮しなければなりません。今後はどのようになっていくのでしょうか。アジアの教会はどのような発展を遂げていくのでしょうか。世界は大きく変わろうとしていますが、その鍵を握っているのはアジアです。日本はその中の一つに過ぎません。日本にかぎらず、世界中でキリスト教会は、弾圧されてきた歴史をもっています。もはやそのような時代は終わりました。人は自由に神の前にひざまずくことのできる時代になりました。

聖書は、キリストが十字架の上で「あがないの死」を遂げたことを全世界に伝えられた後に、最後に再びユダヤ人に伝えられ、そして終末が来ると約束されています（新約聖書「ローマの信徒への手紙」11：25‐26）。しかし、「ヨハネの黙示録」を読んでみると、それまでの間、人類には悪魔の攻撃が続くと預言されています。海洋が汚染され、人類が宇宙のかなたまで極めつくそうとしていますが、それらは聖書の預言を暗示しているのではないでしょうか。終末はすぐそこまで来ているのではないかと思わされます。

今までのアメリカの大統領に対して、筆者は賛成とか反対とかを考えたことがありませんんでした。筆者にとってアメリカの大統領はただ遠い存在でした。日本では、トランプ氏の無茶ぶりに反対しない方がおかしいという雰囲気があります。また、一応反対の姿勢を示しておかないと、彼が失脚した時に弁明の言葉を失うと危惧している評論家がいます。

筆者は戦後の食べるものがない時代に、小学校でアメリカの粉ミルクによって栄養を与えられた者の一人です。アメリカは豊かな国で「与える」国でした。日本は国家予算が貧しい時代にも、米軍によって守られてきました。アメリカは世界の警察官になり、多くの人命の犠牲と経済的な援助で日本と世界を豊かにしてきました。

聖書の教えによれば、「愛」とは常に「与える愛」のことで、「要求する」ものではありません。アメリカの「与える愛」を筆者は受けてきました。現代は、世界中の人々が、アメリカに愛を要求しようとしているのではないでしょうか。

「空の鳥を見なさい。種も蒔かず、刈り入れもせず、倉に納めもしない。だが、あなたがたの天の父は鳥を養ってくださる。まして、あなたがたは、鳥よりも優れた者ではないか」（「マタイによる福音書」6：26）。神は今も万物を与え続けています。聖書によれば、神はその愛するひとり子をさえ十字架上に与え尽くしたと報じています。

注

（1）飯山雅史著『アメリカ福音派の変容と政治』名古屋大学出版会、二〇一三年。（本書、一七頁）

（2）William K. Kay, *Pentecostalism: A Very Short Introduction*, UK: Oxford University Press, 2011, p. 35.（本書、八一頁）

（3）デニス・ベネット『朝の九時』「生ける水の川」委員会訳、新生宣教団、一九七三年。（本書、八三頁）

（4）鈴木崇巨著『韓国はなぜキリスト教国になったか』春秋社、二〇一二年、一〇六頁。「韓国はなぜキリスト教徒多数の国になったか」『聖隷クリストファー大学社会福祉学部紀要』第八号、聖隷クリストファー大学、二〇一〇年。（本書、一五一頁）

（5）Stanley M. Burgess, ed., *Encyclopedia of Pentecostal and Charismatic Christianity*, NY: Routledge, 2006, p. 342.（本書、一五四頁）

（6）テルトゥリアヌス『護教論（アポロゲティクス）』鈴木一郎訳『キリスト教教父著作集一四』（教文館、一九八七年）、一一七–一一八頁より意訳。（本書、一五七頁）

（7）Stanley M. Burgess, *op. cit.*, p. 338.（本書、一六六頁）

（8）*Ibid.*, p. 181.（本書、一七六頁）

（9）文化庁編『宗教年鑑 平成29年版』ぎょうせい、二〇一八年、四三頁。（本書、一八二頁）

（10）キリスト教年鑑編集委員会編『キリスト教年鑑２０１８』キリスト新聞社、二〇一八年、一〇八七頁。（本書、一八三頁）

あとがき

福音派の歴史的な位置づけを論ずることは、時期尚早かもしれません。しかし、世界の中では、けっして早すぎるとは思えません。世界中の教会の変化は、今日も早い速度で進行しています。

日本の宗教の中には、霊的なものがないわけではありませんが、キリスト教が異言とか癒しとか悪霊の追い出しを行うなどというと、カルト的と言って問題にする人々がいます。そのような中で霊的な「福音派」について語ることは誤解を招く恐れがあります。しかし、あえてその問題に踏み込みました。キリスト教徒ではない一般の人々に、現在世界で起こっているキリスト教会の歴史的な変化を知っていただきたいと思ったからです。

イラストや図表を描いてくださった「聖書検定協会」の村上芳理事長、挿絵の井上達夫画伯に、また写真を提供してくださった方々に感謝します。査読してくださり、貴重なご批判やご意見を寄せてくださった奥山実牧師、大川従道牧師、鈴木正和牧師、山田俊子牧師に感謝します。言うまでもなく、最終的な内容の責任は著者一人の上にあります。また、春秋社の小林公二様に大変お世話になり、心よりお礼申し上げます。

鈴木崇巨 *Takahiro Suzuki*
1942年生まれ。東京神学大学大学院修士課程および米国南部メソジスト大学大学院修士課程修了。西部アメリカン・バプテスト神学大学大学院にて博士号を取得。日本キリスト教団東舞鶴教会、田浦教会、銀座教会、頌栄教会、米国合同メソジスト教団ホイットニー記念教会、聖隷クリストファー大学などで47年間、牧師、教授として働き引退。
著書に『牧師の仕事』（教文館、2002年）、『キリストの教え』（春秋社、2007年）、『韓国はなぜキリスト教国になったか』（春秋社、2012年）、『共同研究 日本ではなぜ福音宣教が実を結ばなかったか』（共著、いのちのことば社、2012年）、『求道者伝道テキスト』（地引網出版、2014年）、『礼拝の祈り――手引きと例文』（教文館、2014年）、『日々の祈り――手引きと例文』（教文館、2015年）、『1年で聖書を読破する。』（いのちのことば社、2016年）など多数。

福音派とは何か？
トランプ大統領と福音派

2019年10月25日　第1刷発行

著者――――鈴木崇巨
発行者――――神田　明
発行所――――株式会社 **春秋社**
〒101-0021 東京都千代田区外神田2-18-6
電話 03-3255-9611
振替 00180-6-24861
http://www.shunjusha.co.jp/
印刷・製本――――萩原印刷 株式会社
装丁――――芦澤泰偉

ISBN978-4-393-32384-7
定価はカバー等に表示してあります

鈴木崇巨の本

キリストの教え
信仰を求める人のための聖書入門

クリスチャンは聖書をどう読むのか？　四〇年にわたり、町の教会の牧師として様々な人と信仰について語り合ってきた著者がつづる聖書の世界。キリスト教の霊的信仰の神髄。　１８００円

韓国はなぜキリスト教国になったか

今や世界最大のキリスト教国、韓国。なぜそうなったのか。今後どのような方向に進むのか。真の和解と友好を目指し、信仰の点から韓国の歴史と精神性を解き明かした貴重な書。　２２００円

▼価格は税別。